KB033837

페루, 안데스의 숨결

페루,

안데스의
숨결

글 ○ 사진 정성천

특별한 풍경과
신비로운 이야기가
공존하는

siso

• PERU MAP •

치클라요
Chiclayo

차차뽀야
Chachapoya

모요밤바
Moyobamba

타라포토
Tarapoto

까하마르까
Cajamarcao

트루히요
Trujillo

우아누꼬
Huánuco

우앙까요
Huancayo

리마
Lima

아야쿠초
Ayacucho

우앙까벨리까
Huancavelica

쿠스코
Cusco

나스카
Nasca

아방까이
Abancay

줄리아카
Juliaca

아레키파
Arequipa

모케과
Moquegua

타크나
Tacna

제1부

페루 남부

제2부

페루 북부

제1부

페루 남부

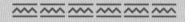

아방까이

여행의 시작

2주간 겨울방학이다. 남반부의 겨울방학은 짧다. 하지만 이 삭막한 사막의 도시 '모케과(Moquegua)'에서 2주간을 혼자 지낸다는 것은 어찌 보면 고문이나 다름이 없다. 그래서 다시 떠날 계획을 세웠다. 페루 남부 안데스의 내륙 깊숙한 곳에 위치된 도시들, 즉 안데스의 속살이라 할 수 있는 지역들을 직접 돌아보려는 여행계획을 세웠다.

그곳은 잉카 이전의 '와리(Wari)' 문명의 발상지일 뿐만 아니라 남미 유일의 제국인 잉카제국의 태동에 커다란 역할을 했던 '창카(Chanka)'족의 거주지역이며 페루 독립전쟁 당시 스페인 왕정의 군대가 독립군에 대항하여 마지막까지 최후의 항거를 했던 지역으로 특이한 자연경관과 함께 수많은 유적이 산재한 곳이기에 페루에 와서 페루 역사와 문화를 알게 된 후로 꼭 한번

가 보고 싶었던 곳이기도 하다. 하지만 너무 멀어서 12~13시간씩 버스를 타고 이동해야 하는 곳도 많고 해발 4,000m 이상의 고개를 넘어야 도달할 수 있는 깊숙한 지역이 많아 고산과 장거리 여행에 약한 아내와 함께 여행하기에는 꺼림칙한 지역이다.

직접 처리해야 할 집안일 때문에 두 달 일찍 귀국하여 아내가 곁에 없는 지금이 그곳을 여행하기에 최적기라는 생각에 방학이 시작되는 날 서둘러 떠나려고 했다. 그러나 2~3일 전에 걸린 감기가 완전히 낫지 않아, 할 수 없이 이틀을 더 미루어야 했다. 몸도 몸이지만 여행을 가로막는 악재까지 하나 더 겹쳤다.

처음엔 해변 도로 코스인 '모께과 → 아레끼파 ﹥ 니스카'까지 버스로 가서 그곳에서 내륙 고산지대로 올라가는 버스로 갈아타고 남부 안데스의 속살 지역 여행을 시작할 수 있는 출발도시인 '아방까이(Abancay)'에 도달하려 했었다. 하지만 며칠 전에 일어난 지진으로 인해 '아레끼파 → 나스카' 사이의 해변 도로 붕괴로 통행이 전면 중단되었다고 한다. 할 수 없이 또 다른 코스인 내륙도로 '모께과 → 푸노 → 쿠스코 → 아방까이' 노선을 택하기로 했다. 그런데 이 노선 또한 전국적인 교사들의 파업으로 인한 주요 도로 점거 농성 때문에 버스 운행이 일부 제한되고 있다고 한다.

애초 계획은 밤 10시 30분 출발하여 그다음 날 오전 10시쯤 쿠스코에 도착해 느긋하게 아방까이로 넘어가는 버스로 갈아타려고 했었다. 그러나 교사 파업으로 밤 10시 30분 버스 편은 취소되었다고 한다. 거의 12시간 걸리는 버스 운행 시간을 계산하면 아침 시간에 쿠스코 인근의 중요 도로를 통과해야 시내 중심부로 진입하게 되는데 중요 도로는 시위대가 가로막아 통행을 불가능하게 할 것이 예상되기에 그 지점을 시위대 농성이 없는 한밤에 통과하는 오후 3시 15분 버스만 통행이 겨우 가능하다고 한다. 이 시간대의 버스 운행도 언제 중단될지 모른다는 버스회사 관계자의 말이다. 이곳이 우리나라가 아니고 남미 페루라는 현실을 다시 한번 머릿속에 되새기며 할 수 없이 출발을 7시간 앞당겨 불편한 몸을 이끌고 오후 3시 15분 모케과발 쿠스코행 버스에 몸을 실었다.

버스는 출발한 지 얼마 되지 않아 해발 4,000m 지역으로 급속히 올라간다. 태평양 쪽 하늘을 붉게 물들이던 짙은 노을도 잠시였다. 어느덧 해가 지고 캄캄한 밤을 달려 '티티카카' 호반 도시 '푸노(Puno)'를 지나고 또 다른 고원의 도시인 '훌리아카(Juliaca)'에 버스가 잠시 머무른다. 남반부의 겨울인 7월에 해발 3,825m의 고원에서 한밤중을 겪게 되니 기온이 상상했던 것보다 훨씬 더 내려간다. 나름대로 두꺼운 옷을 준비했으나 창문 틈새로 들어오는 차가운 바람은 그러지 않아도 감기 기운으로 불편한 몸을 만신창이로 만들어 뼈 마디마디가 저리고 아프다. 아직도 5~6시간은 더 가야 할 텐데 걱정이다. 하는 수 없이 혹시 필요할까 싶어 배낭 위에 돌돌 말아 챙겼던 오리털 침낭을 의자 위에 펼치고 들어가 웅크리니 다소 살 것 같다.

쿠스코에 너무 이른 시각인 이튿날 새벽 5시 30분에 도착했다. 아방까이행 첫 버스가 8시 30분에 있으니 3시간여를 어디서 버텨야 한다. 버스 터미널은 너무 추웠다. 아무래도 시내 중심부인 중앙 광장(Armas Plaza) 근처에는 문을 열어 놓은 식당이 있을 것이라는 생각에 택시를 타고 중앙광장으로 갔다. 하지만 예상과는 달리 중앙 광장 근처에도 문을 열어 놓은 식당이 눈에 띄지 않는다. 낮에 그렇게 많은 관광객으로 붐비던 중앙 광장에는 사람 그림자도 찾아볼 수 없고 차가운 바람만 휑하다. 추위도 추위지만 무엇보다도 인적이 드물고 어두컴컴하여 강도 당할 위험이 가장 불안하다. 중앙 광장 뒤편인 이면도로에 불이 켜진 곳이 있어 들어가 보니 작은 카페 같은데 밤새 술 마신 취객들이 해장음식을 사 먹는 곳 같았다. 하지만 다급한 나머지 그곳으로 들어가서 취객들 사이에 끼어 앉아 뜨거운 '까페 꽁 레체(cafe con leche, 우유를 넣은 커피)'를 한 잔 마시니 이제 좀 정신이 드는 것 같다.

하지만 그곳도 오래 머무를 곳이 아닌 것 같았다. 취객들이 많아 불안하다. 다시 택시를 타고 버스 터미널로 가는 도중 이제 막 문을 여는 식당이 있어 택시를 세우고 들어갔다. 한참 만에 나온 '깔도 데 갈린냐(caldo de gallina, 닭 삶은 수프)'의 뜨거운 국물을 후루룩 마시고 나니 속도 좀 풀리고 굳었던 몸도 풀리는 것 같다. 7시 30분쯤 터미널에 도착하여 아방까이행 버스표를 예매하고 대기실에서 기다리는 데 '안나' 선생에게서 전화가 왔다. '안나' 선생은 모케과에서 자주 왕래하며 친하게 지내는 '코이카(COICA)' 한국 여자봉사단원 중의 한 사람이다. 안데스의 속살 지역 여행계획에 관한 이야기를 꺼낼 때 동참할 뜻을 언뜻 내비쳤으나 실제로 이렇게 따라나설 줄은 몰랐다. 이번 여행에 동참하기 위해 아레키파에서 버스를 타고 아레키파의 코이카 시니어봉사단원인 '조 선생'이라는 사람과 함께 이제 막 쿠스코에 도착하는 중이니 기다리라고 한다. 안데스의 깊숙한 속살 지역은 나뿐만 아니라 많은 사람이 궁금히 여기고 또 여행하고 싶은 매력을 지닌 지역인 모양이다. 이렇게 예상치 못한 동행들이 늘어났다. '함께하는 여행은 그 나름대로 또 어떤 묘미가 있겠지' 하는 생각에 나만의 단출한 여행은 접어야 했다.

쿠스코에서 아방까이까지의 길은 한국에서는 경험할 수 없는 아슬아슬한 산악도로를 달리는 여정이었다. 해발 3,400m의 쿠스코 인근 광활한 고원 평원을 가다가 해발 1,400m까지 계곡으로 내려간다. 그리고 '꾸라와시(Curahuasi)'라는 작은 마을을 지나고 서서히 4,000m 넘는 고개를 지그재그로 또 하나 오른다. 거대한 '암빠이(Ampay)' 산을 오른쪽에 두고 수십 번의 지그재그로 꺾이는 도로를 돌고 돌아 이제는 내려간다. 중간 해발 2,377m

지점부터 시가지가 보이기 시작하더니 방금 넘어왔던 4,000m 고원과 암빠이 산 사이의 경사진 넓은 계곡에 시가지가 펼쳐져 있었다.

아방까이는 잉카제국이 점령하기 전에는 '잉카'와 '창카'의 접경지역으로 창카족이 이곳의 주인이었다고 한다. 페루의 역사를 알기 위해 잉카제국의 태동에 관심이 있어 이곳저곳을 뒤지다가 '창카'라는 종족의 존재를 알게 되었다. 잉카족은 우루밤바강 유역의 농경지를 발판으로 국가의 면모를 갖추었다면 창카족은 또 하나의 아마존강의 원류인 아푸리막강 유역을 근거지로 하여 세력을 가지게 되었다. 이곳 페루 남부 안데스 고산지역에서는 AD 500년경부터 번창했던 와리문명이 갑작스럽게 쇠퇴한 후 AD 1100부터 1450년까지 300년 이상 동안 페루 안데스 남부 고원지대의 패권을 놓고 창카족과 잉카족이 서로 경쟁하는 관계였다고 한다. 역사의 큰 변화를 만든 결정적인 사건은 1450년 창카족의 연합세력 지도자 '안꼬 와이유(Anco Huayllu)'가 4만 명이라는 대군을 이끌고 잉카국을 정벌하기 위해 출정하는 데에서 시작한다. 인간의 예상을 뛰어넘는 의외성을 때때로 보여주는 것이 역사이던가. 300년 이상 동안 계속되던 경쟁 관계를 끝내고 잉카족을 정복하려고 시작했던 자신만만한 출정은 엉뚱한 결말을 가져왔다.

창카족의 대군이 잉카의 수도인 쿠스코 인근으로 진격했을 때 잉카제국의 위라꼬차(Huyracocha) 왕과 우르꼬(Urco) 왕세자 그리고 집권 귀족들까지 모두 쿠스코를 버리고 우루밤바강 유역의 칼카(Calca)로 도망쳤다. 하지만 "난세에 영웅이 나타난다"라는 말이 있듯이 왕에게 미움을 받아 왕궁에서 살지도 못하고 먼 산골의 목동으로 내침을 당했던 '꾸시 유팡키(Cusi Yupanqui)' 왕자가 비어 있는 왕궁으로 분연히 돌아온다. 그리고 불안에 떨고 있던 백성들을 안심시키고 쿠스코 인근의 부족들을 규합하여 적군의 수효보다 턱없이 모자라지만 애국적인 방위군을 형성한다. 그리고 창카의 장군 안꼬 와이유에게 휴전을 제안한다.

그러나 수적으로 우세한 창카족들이 그 휴전을 받아들이지 않아 마침내 쿠스코 인근 '야와르 팜파(Yawarpampa)'에서 격전이 벌어진다. 뿌루라우까(Pururauca) 전설에 의하면 창카군을 속이려고 산비탈의 수많은 바위에 잉카 병사의 옷을 입혔는데 그 바위들이 모두 인간 전사들로 변해 용감히 싸워서 수적인 열세에도 불구하고 잉카족이 승리를 거두었다는 내용이다. 그 바위 병사들을 케추아어로 '뿌루라우까'라고 부른다. 전투가 벌어졌던 '야와르 팜파'에는 창카군 22,000여 명, 잉카군 8,000여 명, 도합 30,000여 명이 죽었다고 한다. 그래서 '야와르 팜파'는 케추아어로 '피의 벌판'이라는 의미이고 쿠스코 외곽 북서쪽 '안따(Anta)'군의 넓은 벌판에 자리하고 있다고 한다.

이 전투를 계기로 왕위에 오른 '꾸시 유팡키'는 자기의 이름

아방까이 버스 터미널

아방까이 아르마스 광장

을 '파차쿠텍(Pachcuteq)'으로 바꾸고 아푸리막강을 넘어 아방까이 북쪽에 위치된 창카족 본거지인 '안다와이라스(Andahuaylas)' 지역뿐만 아니라 좀 더 깊숙한 '아야꾸초(Ayacucho)'와 그 너머의 북쪽 지역들을 하나하나 정복해 나간다. 이렇게 해서 잉카제국의 가장 위대한 왕인 '파차쿠텍' 왕이 탄생되고 남미 유일의 거대한 잉카제국이 태생되는 역사의 한 장이 시작된다.

활기찬 도시, 아방까이

늦은 점심을 마치고 식당 사진에서 본 '보스께 데 삐드라(bosque de piedra, 바위 숲)'를 방문하기 위해 여행사를 찾아 나섰다. 아방까이는 관광지가 아니라서 그런지 쿠스코에서는 그렇게 흔하게 보이던 여행사를 찾는 일이 쉽지 않다. 길을 가는 행인들에게 여행사의 위치를 묻기 시작했는데 페루 사람들의 두드러진 성향은 누가 길을 물어보면 설사 자기가 모르고 있어도 절대 모른다고 대답하지 않는다는 것이다. 골치 아픈 장면에서는 되도록 무난하게 현장을 벗어나기만 하면 된다는 스페인 식민지 시대의 행동 방식이 그대로 답습되어 내려온 것인지도 모른다. 하지만 그냥 정직하게 모른다고 대답했더라면 헛수고라도 덜했을 텐데 그냥 무책임하게 "앞으로 두 블록쯤 가면 혹은 오른쪽으로 돌아 몇 블록 가면 있을 것이다"라는 말에 시가지를 얼마나 돌았는지 모른다. 마지막에는 할 수 없이 행인이 아니라 약국에 들어가서 여행사의 위치를 물었다. 약사는 여행사를 찾는 목적을 묻고는 그곳에 가려면 가까운 호텔에 가서 물어보면 해결할 수 있을 것이라고 귀띔을 준다. 약사가 추천해주는 호텔 이름이 아주 특이해서 쉽게 잊을 수가 없는 이름이었다. 그동안 헛걸음한 것을 보상이라도 받으려는 듯 크게 한 번 외치고 '씨발(Sibal)'이라는 호텔을 찾아갔다. 호텔 프런트의 아가씨에게 서툰 스페인어로 '보스께 데 삐에드라'에 가고자 하니 적당한 여행사를 좀 추천해 달라고 했더니 유창한 영어로 대답한다. 놀라기도 했으나 좀 더 의사소통이 잘 되어서 일이 쉽게 풀린다. 이곳에는 관광객이 많지 않아 버젓이 간판 걸고 영업하는 여행사는 드물고 여행 전문 가이드가 호텔들을 통해서 알음알음 투어 일을 하고 있다며 적당한 가이드를 소개해 주겠다고 한다.

'마틴'이라는 가이드를 소개해 주었다. '마틴'이 말했다. '보스께 데 삐에드라'는 워낙 멀어 아침 일찍 출발해야 하고 마을이 없는 한적한 곳이라 아침과 점심식사를 모두 가이드가 준비해서 가야만 하기에 1인당 200sol로 3명이 합하여 600sol을 내야 한단다. 1인당 180sol로 에누리해서 계약했다. 내일 아침 6시에 호텔 픽업을 약속하고 시내를 좀 더 익히기 위해 길을 나섰다.

식민지 시대에 아방까이는 사탕수수 재배지로 개발되었다고 한다. 그래서 사탕수수로 만드는 증류주인 럼주와 설탕 산업이 잘 발달한 도시이다. 원래 아방까이라는 이름은 안데스 원주민의 말인 캐추아어로 '아망까이'라는 흰 백합처럼 생긴 야생화의 이름이었다고 한다. 처음 개발될 때 시가지는 이곳 계곡이 아니라 훨씬 위쪽인 암빠이 산자락인 '꼬루와니(Ccorhuany)' 산등성이에 위치되어 있었다고 한다. 그 주위에 아망까이 꽃이 많았다. 그래서 초기 정복자들이 '아방까이, 왕들의 마을(Abancay, Villa de los Reyes)'로 명명했다. 그런데 어느 날 이 도시의 수호성인인 동정녀 마리아상이 마을 성당에서 사라지는 일이 발생했다. 절도 사건으로 생각한 주민들은 신성 모독죄의 엄한 벌이 두려워 사방으로 밤낮 찾아다녔으나 찾을 수가 없었다. 하지만 며칠 뒤 한 목동이 마을에서 한참 아래에 자리한 계곡 옆의 커다란 바위 위에서 그 성모상을 찾을 수가 있었다고 한다. 주민들은 도둑이 수색대에 의해 발견될 것을 두려워한 나머지 그곳에 갖다 놓은 것으로 여기고 그 성모상을 원래 위치로 환원시켰다. 그런데 몇 주 후 또다시 성모상이 사라지고 전과 같은 장소에서 발견되는 일이 벌어졌다. 그리고 더욱더 괴이한 사실은 성모상이 없어지고 같은 장소에서 발견되는 똑같은 일이 세 번째로 일어났다는 것이다.

주민들은 어떻게, 왜 이런 일이 일어나는지 이해할 수가 없었다. 오랜 논란 끝에 성모상이 발견된 그 장소를 신성하게 여기라는 성모님의 요구로 받아들인 주민들은 그곳에다 기도할 수 있는 자그마한 장소를 만들고 성모상을 바위 위에 모시는 일을 행했다. 처음에는 기도하기 위해 들르는 장소로 많은 사람의 왕래가 빈번한 곳이 되더니 차츰차츰 주위에 집들이 생겨나고 오래지 않아 전 시가지가 이리로 옮겨졌다고 했다.

하지만 이 도시가 유명해진 것은 정복 초기에 일어났던 스페인 정복자 간의 세력 다툼으로 벌어진 '아방까이 전투(Abancay Battle)'가 아닐까 한다. 잉카 왕을 사로잡아 잉카제국을 무너뜨린 스페인 정복자들 '프란시스코 피자로(Francisco Pizarro)와 '디에고 데 알마그로(Diego de Almagro)'는 잉카 수도 쿠스코의 통치권을 두고 서로 차지하려는 패권 다툼을 벌인다. 1533년 쿠스코를 점령함으로써 잉카제국을 무너뜨리는 데 큰 공을 차지한 알마그로는 1535년 더 남쪽 현재 칠레 지방을 평정하고 더 많은 금을 얻기 위해 떠난다. 하지만 세계에서 가장 건조한 '아타까마(Atacama) 사막'을 넘는 등 많은 고생을 했으나 그 성과는 미미했다. 예상했던 것과는 달리 칠레 쪽에는 페루의 잉카제국처럼 문명이 발달한 국가는 없었고 따라서 노획물도 미미했다. 다만 아직도 원시 문화를 이루고 살아가는 몇몇 부족들만이 존재한다는 사실을 확인하고 돌아와야 했다.

1537년 빈손으로 페루에 돌아온 알마그로는 스페인 왕으로부터 인정받았다고 알고 있는 잉카의 수도 쿠스코의 통치권이 피자로 형제들에게 넘어간 것에 격분한다. 한편 리마의 프란시스코 피자로는 알마그로가 돌아오는 길목인 아방까이에 500명의 군대와 함께 '알론소 데 알바라도(Alonso de Alvarado)'를 주둔하게 하여 지키게 했으나 알바라도는 자기 부하의 배신으로 아방까이 전투에서 제대로 싸우지도 못하고 사로잡혀 군대를 고스란히 알마그로에게 빼앗기는 결과를 초래한다. 이어서 알마그로는 원주민 반란군에게 포위되어 있던 쿠스코의 포위망을 무너뜨리고 쿠스코로 들어가서 피자로의 두 형제, '곤잘로 피자로(Gonzalo Pizarro)'와 '에르난도 피자로(Hernando Pizarro)'를 감옥에 가두고 쿠스코를 통치하기 시작한다. 이에 리마의 프란시스코 피자로는 새로운 군대를 모병하여 쿠스코를 탈환하려고 원정을 나선다. 1538년 4월 6일 그 두 사람은 쿠스코 통치권을 놓고 마지막 결전을 벌인다. 그곳이 바로 내륙염전이 있는 '살리네라 전투(Salinera Battle)'였다. 1시간 동안의 잔인한 살육전 후에 알마그로가 사로잡히게 되고 피자로는 다시 쿠스코의 통치권을 차지하게 된다. 그리고 스페인 본토의 왕에게 허락도 받지 않고 동료 정복자였던 알마그로를 3개월 후인 7월에 바로 사형을 집행하여 후환을 없애고 만다.

이것은 스페인 왕이 페루의 정복자들을 불신하는 빌미가 되었다. 그래서 프란시스코 피자로가 1541년 알마그로의 아들과 그의 추종자들에게 살해당하자 페루의 통치권을 초기 정복자들의 손에 맡기지 않고 왕이 직접 파견하는 부왕이 페루를 통치

아방까이 거리

하는 부왕체제를 도입하는 결과를 초래한다. 정복 초기 일련의
사건 중 아방까이 전투는 페루에 이주해 온 스페인 백인들에게
아방까이를 알리는 계기가 되는 사건이 되었다.

아방까이의 또 다른 특징은 잉카 시대부터 존재해 왔던 페루
내륙지방의 운행과 수송을 도맡았던 두 개의 주요 도로가 만나

는 내륙교통의 요지라는 점이다. 하나는 태평양 해변 나스카와 쿠스코를 잇는 도로, 즉 '잉카로'이고 또 하나는 쿠스코와 또 하나의 페루 남부 안데스 고원지대의 오래된 중심도시인 아야꾸초를 잇는 도로, 즉 '해방로'의 교차지점이다. 그래서 그런지 시내를 관통하는 국도에는 많은 차량이 서로 엉켜 교통이 매우 복잡하다. 도시가 더 발전하려면 시내를 관통하는 국도를 시 외곽으로 돌리는 우회도로건설이 시급함을 느꼈다. 도시는 이제 막 발전의 시동을 건 내륙 도시답게 많은 사람과 차량으로 북적거리는 활기찬 도시였다.

외계인의 정원, 원뿔 바위 숲

　투어 승합차가 다음 날 아침 6시에 호텔 앞으로 픽업하러 왔다. 15인승 승합차에 관광객은 우리 3명뿐이다. 앞쪽 운전석에는 운전기사와 마틴이 아닌 '레오'라는 다른 가이드가 타고 모두 5명이 투어를 떠났다. 스페인어라 완전히 이해하지는 못했지만 마틴은 모친상을 당하여 부득불 다른 가이드가 대신 오게 되었다는 이야기와 오늘 투어에 대한 개략적인 설명을 하는 것 같았다.

　'보스께 데 삐에드라'가 위치한 '팜파 치리(Pampa chiri)'라는 마을은 아직 알려진 관광지가 아닐 뿐만 아니라 거리가 멀어 아방까이에서는 투어 관광이 활발히 이루어지지 않고 보다 좀 더 북쪽에 위치된 소도시 '안다와이라스(Andahuaylas)'에서 투어를 떠나는 것이 일반적이라고 한다. 혼자 왔더라면 아방까이에서는

가 볼 엄두도 못 낼 투어라고 생각하니 세 사람이 함께 여행하는 혜택을 보는 것 같아 다행이었다. 아방까이 시가지가 산비탈 경사진 곳에 비스듬히 형성된 곳이고 도로는 좁고 교통량이 많아 차가 제 속도를 내지 못한다. 이윽고 비탈진 시가지를 내려온 차는 나스카로 이어지는 간선 국도 '잉카로'를 따라 파차차카(Pachachaca)'강을 거슬러 올라간다. 파차차카강은 아마존강의 지류인 아푸리막강의 많은 지류 중의 하나이기에 높은 안데스산맥의 동쪽 사면을 침식하여 깊은 계곡을 만들며 동쪽으로 흐르는 강이다. 이곳을 흐르는 물은 끝내 가까운 태평양이 아니라 7,000km 떨어진 대서양으로 흘러가게 된다는 점을 생각하니 새삼 아마존강과 안데스산맥의 장엄함과 웅대함을 실감하게 된다. 계곡 양옆에는 개화기의 계절이라서 그런지 기암괴석 절벽에 붙어 자라는 용설란의 푸른 꽃대들이 마치 대나무처럼 쭉쭉 뻗어 있다. 강 옆에 자라는 나무들은 가지마다 기생식물들을 장식처럼 주렁주렁 매달고 있어 괴기한 느낌마저 들게 한다. 7시 40분쯤 강 옆 '산타 로사(Santa Rosa)'라는 작은 마을에서 잠시 쉬면서 가이드가 우리가 먹을 과일들을 사는 것 같다.

그리고 얼마쯤 포장된 간선 국도인 '잉카로'를 따라 서쪽으로 가다가 가던 길과 헤어져 오른쪽 산비탈로 올라가는 비포장도로로 갑자기 방향을 바꾸더니 지그재그의 급경사 길을 한없이 올라간다. 고도와 경사를 생각하면 도저히 길이 날 수 있을 것 같지 않은 절벽을 깎아 길이 나 있다. 계곡의 맞은편 높은 절벽 위의 '무뜨까(Mutca)' 마을이 마치 공중에 떠도는 유령의 마을처럼 아득히 가물가물 건너다보인다. 얼마쯤 올라왔을까? 고도계는 3,500m를 가리킨다. 계곡 바닥이 2,000m였으니까 고도 1,500m를 지그재그로 올라온 것이다. 그곳에는 완만한 분지에 형성된 제법 큰 마을과 넓은 계단식 농지가 나타난다. '싸냐이카(Sañayca)' 마을이라고 한다. 그 마을 외곽 오른쪽을 우회해서 지나치더니 다시 비스듬히 위로 올라간다. 마지막 조그만 마을인 '뿌까와시(Pucahauasi)'를 지나니 작은 관목도 자라지 않고 짧은 이끼 종류가 융단처럼 펼쳐져 있는 4,000m 이상의 고원지대인 '알티 플라노(alti plano)'로 올라선다. 나무와 키 큰 풀이 없어 부드러운 능선이 그대로 드러나는 올망졸망한 고원 평원을 얼마간 달려가다가 돌담으로 둘러쳐서 야마나 알파카 등 고산 동물들을 기르는 집이 서너 채 보이는 목장마을 앞에서 차가 멈추어 선다.

아침 식사를 하고 가자기에 시계를 보니 벌써 10시가 다 되어 간다. 가이드와 운전기사가 간이용 식탁을 펴고 차에서 가스와 이동식 버너, 음식 재료들을 내린다. 가이드가 마련해 준 늦은 아침 식사는 뜨거운 커피와 달걀프라이, 치즈와 '빨따(아보카도)'를 넣은 빵이었다. 일상에서는 평범한 아침 식사이겠지만 해발 4,000m가 넘는 고원의 야외들판에서 서늘한 공기 속으로 떨어지는 맑은 아침 햇살을 온몸으로 받으면서 먹는 아침 식사는 내가 태어나서 처음 경험하는 상쾌한 식사였다.

늦은 아침을 먹고 조금 가니 발밑 저 아래에 조그만 시내가 하나 흘러간다. 나무 하나 없는 고원인데도 물이 제법 흘러간다. 길은 한참을 지그재그로 달려 내려가더니 시냇가 옆으로 난 길, 즉 팜파치리 마을에서 들어오는 길과 합류하게 된다. 그리고 개울 옆으로 난 길을 따라 거슬러 상류로 올라간다. 얼마쯤 갔을까? 시냇물과 합류되는 또 다른 실개천을 차량으로 건넌다. 이제는 좀 더 높은 고원으로 다시 서서히 올라간다. 계곡 양옆에는 사진으로 보던 원뿔형 바위들이 몇 개씩 모여 있는 정경들이 멀리 군데군데 보이기 시작하더니 이윽고 차량이 멈춘다. 차에서 내려 바라다본 발아래 풍경은 놀라 입을 다물 수가 없었다. 꿈속에서라도 전혀 상상할 수 없었던 풍경이다. 도저히 인간 세상이 아닌 듯 외계의 어느 행성의 정원을 내려다보고 있는 듯 놀랍고도 괴상한 느낌을 받았다. 한줄기 전율이 온몸을 감싸고 눈에서는 감동 때문인지 놀람 때문인지 눈물이 핑 돈다.

발아래에는 수백의 원뿔들을 엎어 놓은 형상의 바위들이 빽빽하게 들어차 있다. 크기는 주로 6~8m 높이의 바위들이 많지만 작은 동산처럼 큰 것도 있고 마치 인간이 만든 조각 예술작품인 듯 2~3m 정도의 아담한 것들도 더러 보인다. 건너편 멀리 흰 화산재가 퇴적되어 만들어진 것으로 보이는 언덕에는 뾰족

뾰족 이제 막 올라오는 죽순처럼 보이는 것도 있고 바위 모양이 다 드러나서 밑동의 흙이 패여 공중에 들려 있는 듯한 모양도 보인다.

이런 원뿔 모양의 바위가 어떻게 형성하게 되었는지는 불가사의한 일이라 잘 모르겠지만 이 바위들의 생성 연대는 약 400만 년 전 화산 폭발 시 만들어졌을 것이라는 게 가장 유력한 학설이라고 한다. 화산 분출 시 어떤 원인으로 해서 마그마가 원뿔형 바위 형태로 굳어졌는지는 아직 밝혀지지 않았다고 한다. 그런데 마그마가 원뿔형으로 굳어진 뒤 희고 붉은 화산재로 모두 매몰되었다가 비와 바람 등 자연의 힘으로 연한 화산재 토양이 씻겨 나가 바위 모습들이 드러나고 있다는 설명이다. 해발 3,600m 고산 평원의 약 60ha의 넓은 지역에 걸쳐서 표피의 화산재층이 씻겨 나가는 곳이 군데군데 생겨나고 있다고 한다. 현 위치가 그중 가장 연륜이 오래되어 가장 많은 바위가 드러난 곳인 것 같다.

원뿔 바위 사이로 내려가는 오솔길이 있다. 내려가면서 바위를 가까이에서 보니 이곳 원뿔 바위들은 드러난 지 꽤 오래된 듯 표면이 풍화작용으로 떨어져 나가거나 표면에 이끼 종류와 지의류 등이 붙어 자라고 있어 고색창연한 세월의 흔적을 나타내는 바위들이 많다. 계곡 아래에는 작은 관목들과 푸른 풀들이 원뿔 바위들 사이사이에 자라고 있어 더욱 신기함을 자아낸다.

계곡 아래에서 비스듬히 위쪽으로 올려다보니 정말 장관이다. '땅의 가시'라고 표현해야 할까? 외계인들이 다른 행성에서 오는 비행물체가 쉽게 착륙하지 못하게 철갑 거북선의 지붕처럼 땅 위에 바위로 된 가시를 만들어 놓은 것 같다는 생각도 해 본다.

어느 한 곳에 다다르자 맑은 지하수가 바위 사이에서 퐁퐁 솟아나는 곳이 있었다. 가이드에게 물으니 마셔도 되는 물이라고 한다. 엎드려 샘물 맛을 보았다. 경치 못지않게 물맛도 일품이었다. 안데스의 가장 정갈한 정수를 마신 듯 기분이 상쾌해진다. 페루에 와서 마셔본 생수 중 가장 맛이 좋았던 것 같다. 가장 아래쪽에 밀집된 거대한 원뿔 바위들의 군락을 끝으로 한 바퀴 돌아서 차량이 있는 계곡 위쪽으로 돌아 올라간다. 원뿔 바위들은 가는 곳마다 그리고 바라보는 각도에 따라 모두 괴상하고도 출중한 풍경을 만들어낸다.

난생처음 보는 괴상한 풍경들을 눈에 깊이 담아 두기 위해서 몇 번이고 뒤를 돌아보면서 그곳을 떠났다. 평생 잊지 못할 풍경이 될 것이다. 왔던 길을 되돌아가다가 들른 곳이 스머프의 집처럼 생긴 마을(casas de pitufo)이었다. 원뿔 바위의 밑에 생긴 공간을 이용하여 나머지 면에 흙담을 쌓아 만든 주거 형태이다. 앞에서 보면 꼭 만화에 나오는 지붕이 원뿔처럼 생긴 '스머프'의 집처럼 생겼다. 세 가족이 살고 있는데 가장 큰 집은 안이 상당히 넓었다. 집 내부 풍경은 새카맣게 그을린 천장 바위와 취사를 할 수 있는 부엌과 환기 창문들도 보이고 가장 안쪽에는 비스듬히 자리를 잡은 천연 바위 침대도 있었다. 안을 들여다보니 자루에 담긴 감자와 마른 옥수수 등이 보인다. 가난한 안데스 고원 원주민의 고달픈 삶을 들여다보는 것 같았다. 앞마당에는 놓아 기르는 돼지들이 마치 개처럼 어슬렁거리며 돌아다닌다. 가이드가 원주민 아낙들에게 얼마간의 돈을 주는 것 같다.

두 개울이 합하는 지점의 맑은 개울 옆에서 가이드가 해주는 점심을 먹었다. 이번에는 양파를 곁들인 민물송어 튀김(trucha)과 삶은 감자였다. 점심을 준비하는 동안 잠시 개울가로 가서 자갈밭을 살펴보고 기념으로 자그마한 돌멩이를 하나 주웠다. 언제든지 이 돌멩이를 보게 되면 오늘의 감동이 되살아나리라는 염원과 함께 주머니에 넣었다. 꿀맛 같은 점심을 먹고 찾아간 곳은 멀리서만 바라보아야 하는 또 하나의 괴이한 풍경이었다. 마치 거대한 체육관 원형 돔 지붕처럼 생긴 하얀 화산재 봉우리와 그 주변을 원형으로 둘러쳐진 검은 화산암 절벽이었다. 왜 보스께 데 삐드라의 또 다른 이름을 '팜파 데 빠벨로네스(Pampa de Pabellones, 원형경기장의 장소)'라고 부르는지 그 이유를 알 것만 같았다. 하지만 나는 그 모습이 외계인이 타고 온 거대한 우주선 같다는 생각이 머리에서 떠나지 않았다. 수백만 년 전

원뿔 바위 숲

스머프의 집

우주선의 화석처럼 생긴 바위산

이곳은 외계인들의 지구 탐험을 위한 전초 기지였는지도 모른다. 그리고 저 하얀 돔형 체육관 같은 저 산의 모습은 외계인이 타고 온 우주선이고 아까 보았던 뿔 바위 숲은 우주선 착륙을 차단하여 다른 외계인들의 공격을 막는 방어 시설이었을지도 모른다는 생각이 든다. 주위의 원주민들은 자자손손 대대로 그 산을 '쎄로 데 판꿀라(Cerro de Pancula, 빵처럼 생긴 원형 산)'라고 부르며 아주 신성한 곳으로 여겨 그 위에 함부로 올라가는 것을 엄금했다는 점이 더욱더 외계인과 연관된 생각을 하게 한다. 모두가 유구한 세월의 흐름 속에 바위로 변해버린 우주선의 화석인지도 모른다는 생각을 하면서 그곳을 떠났다.

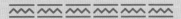

아야꾸초

죽음의 모퉁이

아침 6시에 아방까이를 떠나 아야꾸초로 가는 승합차를 탔다. 이른 아침이지만 꼼비 승합차 터미널은 부산하다. 출발하고 얼마간 포장된 국도로 잘 가는가 싶더니 얼마 가지 않아 국도가 아닌 농로같이 좁은 비포장도로로 들어선다. 주요 간선 포장도로는 전국적인 교사 파업으로 인한 도로 점거 농성으로 통행할 수가 없어 마을과 마을을 이어주는 샛길로 갈 수밖에 없다고 한다. 얼마 가지 않아 반대쪽에서 오는 차량과 마주쳤다. 길이 좋지 않아 위험하기도 하지만 길이 좁아서 교행이 어려운 곳도 있었다. 서로 먼저 가려고 차량을 들이미는 바람에 트럭 한 대가 길옆 도랑에 바퀴가 빠져 모두가 옴짝달싹도 하지 못하게 되었다. 어느 한쪽이라도 양보를 해서 비교적 넓은 공지로 후퇴했더라면 시간이 다소 걸릴지라도 통행은 가능했을 텐데 하는 아쉬움이 남는다.

　다행히도 우리 승합차는 가장 앞쪽에 위치하여 사고 트럭과 비스듬히 비켜 있었다. 운전기사가 여러 가지 궁리 끝에 승객들 모두 내리게 하더니 어디서 삽을 가지고 와서 차를 가로막고 있는 자그마한 둔덕을 하나 허물고 아슬아슬하게 그곳을 탈출했다. 천신만고 끝에 중간 도시인 '안다와이라스(Andahuaylas)'에 간신히 도착했다. 그곳에서 우리를 제외한 모든 승객이 내리고 아야꾸초로 가는 새로운 승객들을 태우더니 새로운 운전기사가 핸들을 잡고 승합차는 다시 출발한다.

　안다와이라스에서 아야꾸초까지는 참으로 멀고노 먼 여성이었다. 잉카 이전 시대에 이곳은 안데스 고원에서 잉카종족과 패권을 겨루었던 창카족의 근거지였던 곳이다. 가는 길 중간에 군데군데 농성장이 있는지 포장된 도로를 달리다가도 수시로 마을 길과 같은 비포장도로를 달리기를 수없이 되풀이하며 자그마한 마을들을 여러 번 거치고 4,000m 넘는 재를 서너 번 오르락내리락하더니 아방까이를 떠난 지 13시간이 넘은 시각인 캄캄한 밤 7시 30분쯤 아야꾸초의 야경이 멀리 내려다보이는 언덕 위에 도착한다. 중간 어느 마을에서 점심대용으로 먹은 '삶은 옥수수와 짠 치즈(choclo con queso)'의 맛은 내 평생 잊지 못할 경험이었다. 단순한 옥수수와 짭짤한 치즈가 고작이었지만 아주 맛있게 먹었다. 시장이 반찬이라는 말을 그대로 경험해 보는 좋은 기회가 되었다. 처음 보는 아야꾸초의 야경은 아름다웠다. 시가지의 모양이 거의 원형에 가까워 붉고 노란 백열등 가로등이 켜진 시가지는 마치 커다란 모닥불을 내려다보고 있는 듯하다.

안데스 원주민들의 토속 언어인 케추아어로 '아야(aya)'는 죽음이고 '꾸초(kucho)'는 모퉁이라고 한다. 그러니 아야꾸초는 '죽음의 모퉁이'라는 의미가 된다. 원래 이곳의 이름은 '후아망가(Huamanga)'였다. 1825년 2월 15일 남미의 독립 영웅 '시몬 볼리바르(Simon Bolivar)' 장군의 부관 '호세 데 수크레(Jose de Sucre)' 장군이 지휘하는 독립군과 새로운 부왕 '호세 데 라 쎄르나(Jose de la Serna)'가 이끄는 왕정의 군대가 이 도시의 외곽 마을인 끼누아 인근의 벌판(Pampas de Quinua)에서 남미 독립전쟁의 마지막 전투를 벌였다. 그 전투에서 승리를 거둔 후 '시몬 볼리바르' 장군이 수없이 많은 희생자의 주검들을 바라보면서 그 지역을 케추아 말로 '아야쿠추(Ayakuchu)'라고 명명한 데서 비롯되었다고 한다. 하지만 이곳은 독립전쟁 이전에도 그 이름의 의미에 들어맞는 수많은 학살이 일어난 곳이기에 죽음과 연관된 그 이름이 낯설지 않았다고 한다.

가장 오래된 사건은 잉카 부족에 의한 대량학살사건이었다. 1450년 창카족과의 전쟁에서 병력의 열세에도 불구하고 승리를 거둔 잉카의 왕 '파차쿠텍'은 2년 뒤인 1452년에 이곳 창카족들의 정치적인 동맹체(아야꾸초, 안다와이라스, 빌까스와만, 우앙까밸리까, 후닌)가 재기하려는 조짐이 보이자 미래의 화근을 없애기 위해 그 중심지인 아야꾸초를 급습하여 대량학살을 자행했다. 죽음의 그림자가 이 지역을 덮어버린 사건은 그것뿐만이 아니라고 한다. 원래 이곳의 지정학적인 기운이 죽음과 연관이 있는 곳이라서 그런 일이 일어났던 것인지 아니면 이름이 그 도시의 운명을 다시 불러왔던 것인지 아야꾸초는 근세에 들어와서 또 한번 죽음의 소용돌이에 휩쓸리게 된다.

  1980년에 모택동식 공산주의의 기치를 내세운 반란조직인 '쎈데로 루미노소(Sendero Luminoso, 빛나는 길)'가 아야꾸초를 근거지로 삼아 페루 정부에 대항하여 무장 반란을 일으켰다. 이 반란은 정부의 미미한 초기대응으로 오랜 세월 동안 지속이 되어 오다가 일본인 2세 '후지모리' 정권에 의해 1992년 그 조직의 지도자 '아비마엘 구즈만 레이노소(Abimael Guzman Reynoso)'가 체포되어 종신형으로 구금되자 차츰 쇠락의 길로 접어들었다. 그리고 마지막 지도자인 '아르떼미오(Artemio)'가 잔당들을 이끌고 코카 재배지인 '와야가계곡(Huallaga valley)'으로 숨어 들어가 코카인 생산으로 자금줄을 확보하여 재기를 노리다가 2012년 2월 12일 그마저 체포됨으로써 지금은 거의 전멸된 상태라고 한다.

  2000년도 후지모리 뒤를 이어 정권을 잡은 '알레한드로 톨레도(Alejandro Toledo)' 정권은 인권을 무참히 짓밟고 주민을 탄압하며 자행된 정부 진압의 그 위법성을 인정하고 '진실과 화해 위원회'를 구성하여 그 사건을 조사하게 했다. 2003년도 발표된 '진실과 화해 위원회'의 보고는 놀라웠다. 1980년도부터 2000년까지 20년간 그 반란 사건으로 인한 실종자와 사망자 수가 69,280명에 달한다고 보고했다. 그 사망자 중 약 80%가 모두 이곳 '아야꾸초' 인근 안데스 고원지대에서 원주민을 대상으로 일어났으며 사망자 중 54%인 37,400여 명은 반군조직인 쎈데로 루미노소에 의해 저질러졌고 37%인 25,600여 명은 정부군과 정부의 지원을 받은 자율 민간 순찰대 '론다스(Rondas)'에 의해 학살당했다고 발표했다.

이념투쟁으로 무고한 양민들의 인권을 무참히 짓밟고 무자비하게 학살했다는 점에서 1948년 우리나라에서 발생한 '제주 4.3사건'과 그 성격이 매우 흡사하다. 이념의 장벽에 갇힌 제주도 '서북청년단원'들이 미군정의 지원을 받아 무고한 양민들을 마구 학살했듯이 이곳 페루 안데스의 속살 지역 아야꾸초에서도 후지모리 정권이 지급한 소총으로 무장한 민간 순찰대 론다스가 쎈데로 루미노소를 도왔다는 죄목으로 무고한 양민들을 마구 학살했다. 그 보복으로 쎈데로 루미노소는 더욱더 악랄한 수법으로 저항했기에 중간에 위치된 안데스 원주민들만이 무고한 희생자가 되어야 했다.

이 세상의 수많은 이념과 종교가 세상을 구원하겠다고 그리고 이 세상을 좀 더 살기 좋은 곳으로 만들겠다고 저마다의 교리와 이론을 앞세워 세상에 널리 퍼지고 있다. 하지만 이념이나 신앙에 맹신적으로 갇힌 개인이나 집단이 자기들과 생각이 다르다고 무고한 사람의 인권을 짓밟고 급기야 인명까지도 빼앗는 야만적인 행위는 아직도 이 지구상 곳곳에서 벌어지고 있으니 화엄 세계와 하느님 나라 아니, 대동 세계는 언제 도래할 것인가? 중요한 것은 이론이나 교리가 아닌데도 말이다. 꽁꽁 갇힌 마음을 갖는 것이 문제인데도 교리와 이념만 강조하고 있는 오늘의 실태가 개탄스럽다. 어디에도 걸림이 없는 텅 빈 하늘처럼 자유로운 마음을 갖는 일이 화엄 세계와 대동 세계의 건설에 가장 중요한 일이건만 인간의 마음이 너무나 이기적이고 간사한 나머지 이것마저도 무척 어려운 일이 되고 만다.

하지만 사람의 마음을 중히 여기는 신앙이 이곳 안데스 고원지대에도 있었고 지금도 민중들 속에 살아 있다고 말하는 사람들이 있다. 1530년대 스페인 정복자들에 의해 페루 잉카 제국이 멸망되고 무력을 사용하여 강제로 그리스도를 믿게 하는 강압적인 가톨릭 전교에 반대하고 안데스 원주민 각자의 몸속에 거주하는 '와까(Huaca)'라는 신의 음성에 귀를 기울이고 경배하자는 운동이 1560년대에 안데스 원주민 사이에서 암암리에 퍼졌고 식민지 시대의 그 엄혹한 시절에도 면면히 이어오다가 종교의 자유가 보편화된 지금에는 많은 안데스 젊은이들 사이에 퍼져있다고 한다. 이 안데스 전통 신앙을 되찾고자 하는 이 운동의 이름은 '따끼 웅꾸이(Taki Unquy)'라고 부른다.

캄캄한 칠흑 가운데 벌겋게 달아오른 모닥불 속으로 달려드는 한 마리의 나방 같이 서서히 도심으로 내려간다. 승합차 정류장은 아르마스 광장 가까운 곳에 자리해 있었다. 길거리에 사람들이 무척 많이 붐빈다. 넓은 아르마스 광장 한쪽 편에서는 교사와 학생들처럼 보이는 군중들이 촛불 집회를 하고 있었다. 전국적인 교사 파업과 관련이 있는 시위인 것 같다.

저녁을 먹고 여행사엘 들렀다. 이곳에서 할 수 있는 투어는 여러 종류가 있었다. 여기서 3일 동안 투어하고 하루를 쉬었다가 왔던 아방까이로 되돌아가서 쿠스코로 가지 않고 해안지대인 나스카로 내려가 불가사의한 나스카 라인을 보고 해변도로를 따라 내가 사는 모케과로 다시 돌아갈 계획을 세웠다.

아야꾸초 근교 폭포 투어

그다음 날 아침 중앙 광장(아르마스 플라자)에서 페루 관광객들과 함께 근교에 있는 '와와뿌끼오(Huahuapuquio)' 지역으로 도시 근교 투어를 떠났다. 날이 밝을 때 보니 해발 2,760m인 아야꾸초는 4,000m가 넘는 고산으로 둘러쳐진 넓은 분지에 자리해 있었는데 예상했던 것보다 시가지의 범위가 상당히 넓었다. 과연 페루 남부 안데스 속살 지역의 중심도시다웠다.

남미 독립전쟁 당시 스페인 왕정의 마지막 총독 '세르나(Serna)'가 부왕청의 근거지였던 '리마'를 포기하고 이 도시를 마지막 항거의 거점도시로 삼고 왜 마지막까지 버텼는지 그 이유를 알 것 같기도 하다. 도시의 모양은 우리나라 대구처럼 방사선으로 잘 발달한 시가지이다. 하지만 아직도 흙벽돌(adobe) 집들이 대다수이고 바닥에는 돌을 박아 포장을 해놓은 중세 스페인식 포장도로의 골목들이 격자 모양으로 뚫려 있었다. 근대에 들어와서 정부에 대항하여 무장 반란을 일으킨 쎈데로 루미노소의 근거지였다는 이유로 거의 30년 동안 페루 중앙정부의 재정적 지원에서 소외당한 결과 페루에서 가장 낙후된 도시로 떨어지고 말았다는 말을 눈으로 확인할 수 있었다.

시가지를 벗어나 지그재그의 길을 한참 올라가서 4,000m 고원지대로 올라선다. 아침 공기의 싸늘함이 온몸을 감싼다. 얼마간 가다가 도로변에 위치된 '콘도르 꼬차(Condorccocha)' 식당에서 아침을 먹었다. 아침 식사로 양고기 수프(깔도 데 오베하, caldo de obeja)를 먹었는데 평소 노린내 때문에 잘 먹지 않았던 양고기 수프를 맛있게 먹었다. 구수하고도 연한 살코기가 들어 있는 뜨뜻한 국물은 고원 새벽의 한기로 움츠린 몸과 허한 속을 풀어주는 데 제격인 것 같았다.

제일 처음 간 곳이 '뿌마빡차(Pumapaqcha)' 폭포였다. 도로 옆에 관광버스를 세우고 폭포까지 걸어서 가는 오솔길은 잉카인들이 '밧줄 다리(께스와차카, Qeswachaca)'를 만드는 재료로 사용했다는 '이츄(ichu)'라는 풀이 무릎까지 올라와 부드럽게 다리를 스친다. 마치 우리나라 야산 큰 나무 밑에서 자라는 머리털처럼 생긴 '산거울'이라는 풀과 모양은 비슷한데 길이는 두세 배가 되는 것 같고 질기기도 훨씬 더 질겼다. 1970년대 중반 전방에서 군 복무할 때가 생각난다. 전투력 측정 훈련 등 중요한 야외훈련을 할 때는 미리 산에 가서 이 산거울을 많이 뜯어 와 그물로 된 상의 조끼와 철모의 그물코에 이 풀을 달아 위장을 했던 기억이 난다. 그래서 우리는 이 산거울을 '위장풀'이라고 불렀다. 잉카인들은 산거울 풀과 유사한 이 '이츄' 풀을 꼬아 새끼로 만들고 또 그 가는 새끼들을 꼬아 굵은 밧줄을 만들어 수천 길의 절벽 강을 건너가는 밧줄 다리를 만들었다고 한다. 지금도 쿠스코 주의 '꿰훼(Quehwe)' 지방에서 해마다 6월이 되면 나흘에 걸쳐 아푸리막강을 건너는 밧줄 다리 교체 공사를 재현하는 축제를 연다고 한다.

폭포의 규모는 높이 20m 정도로 자그마했으나 그 풍광은 특이했다. 높다란 산 계곡에서 떨어지는 것이 아니라 평평한 평야에서 아래로 떨어진다. 보통의 폭포는 폭포 위쪽 물 떨어지는 곳을 가 볼 수 없다. 하지만 이곳은 폭포 밑에서 사진을 찍고 옆으로 난 길을 따라 위로 올라가서 위쪽에서 폭포를 내려다볼 수 있었다. 규모는 작으나 우리나라 제주도 정방폭포와 닮았다. 폭포 위 평야에는 농가와 한가로이 풀을 뜯는 소들이 보인다. 밭둑 길을 얼마간 걸어서 버스에 합류한다. 짧은 시간이었지만 안데스 고산지역의 농촌생태를 직접 눈으로 확인할 수 있는 소중한 경험이었다. 흙은 우리나라와 별반 차이가 없으나 밭둑에 자라는 야생초는 신기한 게 많았다. 우리나라와 다른 점은 건기라 말라버린 베이지색 풀잎 사이로 작은 가시

선인장 종류들이 촘촘히 박혀 있었다는 점이다.

　다시 버스는 출발한다. 꼬불꼬불한 도로를 얼마간 가더니 도로에 버스를 세운다. 이제는 키 큰 선인장이 무성한 절벽 계곡을 돌고 돌아 한참을 걸어서 내려간다. 어렵사리 내려간 곳에서 2단 폭포인 '꼬리 마끄마(Qorimaqma)' 폭포와 그곳에서 좀 더 하류에 자리한 '바땅꾸초(Batancucho)' 폭포를 관람했다. 처음 본 뿌마빡차 폭포보다 훨씬 크고 수량도 풍부하여 폭포다운 폭포였다. 선인장 종류들과 괴이한 착생 식물들이 마치 장식 레이스처럼 매달려 있는 나무들 사이로 바라보는 흰 물거품이 인상적인 폭포관람이었다. 폭포관람 후에는 계곡을 올라 되돌아가서 버스와 합류하지 않고 계곡을 따라 걸어서 간다. 인공 수로를 따라 자그마한 터널도 지나고 얼마간 가다가 강변으로 내려간다. 강물은 우리나라 개울물 수량의 물길이 자갈 사이로 흐른다. 강을 따라 바위와 잡풀이 무성한 강변 오솔길을 한참을 걸어간다. 처음으로 안데스 고원지대의 강변 자연을 가까이에서 관찰할 수 있어 좋았다. 자그마한 풀꽃과 선인장 종류도 신기했지만 멀리서만 보던 용설란을 가까이에서 보니 그 크기에 입이 벌어진다. 큰놈은 집채처럼 크고 어른 팔뚝 굵기의 거대한 꽃대가 뱀처럼 굽은 모습으로 하늘로 막 기어오르고 있는 모양을 취하고 있다. 왜 '용설(용의 혀)'이라는 이름이 붙여졌는지 수긍이 간다.

다음으로 간 곳은 '깡가요(Cangallo)' 마을이었다. 해발 500m 더 내려간 또 다른 아푸리막강의 지류인 '팜파스강(Rio Pampas)' 변의 아담하고도 조용한 소도시였다. 강변 도시로 내려가는 길에서 바라보니 때마침 페루 독립 기념행사로 인근 종합운동장에서 투우 경기가 벌어지고 있었다. 7월의 마지막 주인 이번 주가 페루의 독립기념 주간이다. 아르헨티나 독립 영웅 '산마틴(San Martin)' 장군이 1820년 7월 28일 리마에서 스페인 왕정으로부터 독립을 선언한 지 197년째의 독립기념일이다. 1820년에 독립을 선언했으나 페루의 독립이 완성된 것은 4년 후인 1824년이었다. 마지막 부왕 쎄르나가 왕정의 군대를 이끌고 리마를 버리고 '후아망가(Huamanga)'로 올라가 마지막으로 농성하고 있었기 때문이다. 아직 미완성이었던 남미 독립전쟁의 마침표를 찍은 마지막 전투 현장인 '팜파스 데 끼누아(Pampas de Quinua)'를 내일 방문하기로 했다.

돌아오는 길옆으로 고산지대의 농장들이 보인다. 고산의 넓은 구릉 지대는 지금 겨울 건기의 풍경으로 우리나라 늦가을처럼 풀색이 누렇다. 소를 많이 키우는 것 같다. 농토는 너무 넓어서 다 경작하지 못하는 것 같고 경작했던 곳은 불태우고 묵혔다가 다시 짓는 돌림 짓기를 하는 듯이 보였다. 해가 지니 싸늘한 냉기가 차창으로 들어온다. 이곳이 3,000m가 넘는 고산이란 것을 피부로 느끼게 한다. 석양에 비친 고원 농촌 풍경

뿌마빡차 폭포와 이츄풀

은 고단함과 함께 쓸쓸함이 짙게 묻어 있다. 이방인의 서글픔을 온몸으로 느끼며 어둑어둑 땅거미 짙어지는 고산 풍경을 뒤에 남겨 두고 아야꾸초 시내로 내려간다. 지그재그 길을 돌고 돌아 아래로 내려가 노란 백열등 가로등이 하나둘 켜지는 아야꾸초 아르마스 광장으로 돌아왔다.

잉카 직전의 제국, 와리 문명 유적

 '와리'는 '잉카' 바로 직전의 문명으로 AD 500년에서 1,000년 사이 안데스 고원지대를 중심으로 번창했던 강력한 국가였다. 그 시작 지점이 페루의 중부 아야꾸초이며 그 범위가 북쪽으로는 '뚜루히요(Trujillo)'에서 남쪽으로는 지금 내가 사는 페루 남부지역인 모케과까지 걸쳐 있었다고 하니 가히 그 국가의 위력을 알 만하다. 하지만 그 갑작스러운 멸망의 원인을 두고 학자들의 의견이 분분하다. 안데스 고원 문명인 와리와 잉카 문명은 그들만의 문자를 가지지 못했기에 발굴되는 유적과 유물들을 보고서 그들의 역사를 추정해야만 한다. 그런데 와리 제국의 수도로 추정되는 유적들이 아야꾸초의 위성마을 끼누아(Quinua) 외곽지점의 땅속에서 발굴되었는데 이상한 점은 7만여 명이 약 2,000ha에 걸친 넓은 지역에 거주했을 것으로 짐작할 수 있는 유적들인데 모든 건물이 하나같이 외부에서 고의로 출입을 차단한 형태로 발견되고 있다는 점이다. 마치 잠시 떠나 있다가 언젠가 다시 돌아올 것을 예상하고 떠난 흔적들이 유적과 유물에 발견되고 있고 건물 내부와 근처에서는 전쟁과 같은 대량학살의 어떤 흔적도 발견되지 않고 있다고 한다. 이를 두고 많은 학자는 화산 폭발이나 지진과 같은 천재지변이나 극심한 가뭄 때문에 잠시 이곳을 떠났다가 사정이 좋아지면 다시 돌아오려고 했으나 뿔뿔이 흩어져 다른 종족에 흡수되어 영영 돌아오지 못했던 것이 와리 문명의 사람들이 아닌가? 하고 추측하고 있다. 하지만 와리 문명은 잉카제국과 같은 강력한 제국이 탄생할 수 있었던 밑바탕이 되지 않았겠느냐 하는 판단이다. 잉카제국의 원활한 통신을 가능하게 했던 잉카 도로망의 대부분이 와리 문명에서 만들어 놓았던 것이라고 한다.

아야꾸초 시가지를 벗어난 지 얼마 가지 않아 완만한 산중턱에 자리한 선인장과 관목들로 둘러쳐져 있는 커다란 야외주차장에 버스는 도착했다. 주위를 둘러보니 커다란 나무는 별로 없고 낮은 관목과 선인장 종류들이 화산암 바위 틈새에서 주로 많이 자라고 있어 이 지역이 건조한 지역이라는 것을 말해준다. 지금도 한창 발굴 중이라는 것을 알려주듯이 발굴이 진행되는 지역은 출입을 금해 놓았고 이미 발굴해 놓은 곳도 자연 훼손을 염려하여 보기에도 조잡한 나무 기둥에 양철지붕으로 비 가림만 겨우 해놓은 상태이다.

건물들의 주요 벽체는 잉카 문명과는 달리 작은 자연석과 진흙 벽돌을 사용해 쌓았으며 붉은색과 흰색으로 채색했었던 것 같은데 건조지역의 푸석푸석한 흙먼지들이 뽀얗게 쌓여있다. 들어가는 입구부터 4~5m 넓이의 도로 양쪽 옆에 3~4m 높이의 돌담 벽을 쌓아 건물을 지었던 것 같아 유적의 규모가 거대하다는 것을 짐작할 수 있었다. 주거지와 행정 관청과 종교적인 시설로 추정되는 건물들의 잔해 중 가장 특이한 것은 높이 3m 정도 두께 1.5m 정도의 두꺼운 돌담으로 둘러쳐진 지름 30~40m의 둥근 원형의 장소였다. 두꺼운 원형 돌담에 총 18개의 벽감을 만들어 놓고 중앙에 40~50cm 높이의 원주형 자연석을 세워 놓았다. 발굴된 지역이 2,000ha 중 극히 일부분일 것인데도 두 군데나 그런 장소가 있는 걸 보면 각 벽감에 중요한 조상 미라를 모셔 놓고 어떤 종교적인 행사를 치르는 신성한 장소이거나 조상 미라의 입회하에 어떤 판결을 내리는 재판장과 같은 생활에 아주 긴요한 장소가 아니었던가 하는 추측을 자아낸다.

또 하나 신기한 유물은 잘 다듬은 2개의 거대한 석판이다. 가로 1.5~2m, 세로 5~6m, 두께 0.5m의 거대한 석판의 표면을 잘 다듬어 윗면에는 액체나 곡식의 작은 알갱이들이 바깥으로 흘러내리지 못하도록 15cm 정도의 테두리 전을 남기고 속을 파내어 반반하고 매끄럽게 다듬은 것으로 보아 알갱이가 작은 곡식과 같은 농작물을 가공하는 용도가 아니면 산 동물이나 인간을 제물로 바칠 때 피와 같은 액체가 흘러내리지 않도록 만들어 제단으로 사용했을 것이란 추측이 가능하다. 이 거대한 석판도 발굴지역에 2개나 땅속에서 비스듬히 발굴된 상태 그대로 놓여 있었다.

와리 문명의 거주지 건축물들은 동시대에 티티카카 호수 남쪽에서 발달했던 같은 안데스 고원 문명인 띠와나꾸 문명이나 바로 뒤에 발달한 잉카 문명의 거주지와 많은 차이점을 보인다. 그 중요 특색은 거주지에 창문이 없다는 점이다. 마치 토굴처럼 조그만 출입구를 제외한 사방을 두꺼운 벽과 거대한 돌로 막은 것을 보면 수면시간 동안의 신변안전을 매우 중요하게 생각한 건물 형태인 것 같다.

허물어진 건물 안쪽 아래에 지름 1m 정도로 된 둥근 우물 형태의 원형 공간 한 개와 가로세로 1m 격자 모양의 공간들이 여러 개가 보였다. 아마도 조상들의 미라를 모셨던 공간들인 것 같은데 원형 공간은 지배자급 미라의 장소이고 격자 모양들에는 피지배자들의 미라를 함께 안치했던 것 같다. 와리 문명의 장례 전통은 부모들의 시신을 땅에 묻지 않고 미라로 만들어 생활공간 가까이에 두고 항시 정신적인 도움을 받은 것으로 보인다. 건조한 지역이기에 가능한 일이지만 와리족들이 보인 죽은 조상들에 대한 정신적인 의존도는 아주 각별했던 것 같다. 특히 왕이나 장수는 전투할 때도 죽은 조상의 미라를 옆에 모시고 싸웠다고 하니 와리족들의 사후세계에 대한 인식이 어떠했던가를 짐작할 만하다. 유적지에서 나가는 마지막 출구 가까이에는 7~8세로 보이는 어린 소녀 두 명이 맨발 차림으로 와리 문명의 전통 복장으로 여겨지는 옷을 입고 사진 모델을 해주고 있었다. 짙은 갈색 피부에 서양인과 안데스 원주민의 혼혈인 아이들의 모습이 너무 귀여워 5sol씩 주고 기념사진을 찍었다.

마지막으로 간 곳이 주차장 인근에 위치한 와리 박물관이었다. 이곳 유적지에서 나온 유물들을 모아 놓은 박물관이지만 박물관 건물이라고 하기에는 너무 초라한 건물에 소장품도 빈약해 보였다. 박물관 마당 한쪽엔 마모된 여러 형태의 돌과 원형의 구멍을 인위적으로 뚫은 거석들이 제대로 조립도 되지 않은 채 나뒹굴고 있어 아직 와리 문명과 유물에 관한 연구가 제대로 체계적으로 이루어지지 않고 있음을 말해주는 것만 같다. 박물관 내부에는 갈색토기와 청동제 장신구들, 몇 개의 두개골이 있었고 쪼그려 앉은 모습의 미라도 한 구 있었다.

가장 흥미를 끄는 것은 그림으로 설명해 놓은 이 지역의 연대기였다. 그림에 따르면 이 지역의 인간 역사는 기원전 2만

년부터 시작되고 AD 500년부터 AD 1100년까지를 와리, 1100
년부터 1450년까지 창카 그리고 1450년부터 1534년까지를 잉
카 시대로 구분해 놓았다. 페루 남부 안데스 고원 문명에서 동
시대에 경쟁 관계에 있었던 두 종족, 즉 아야꾸초를 중심지로
번창했던 창카족과 쿠스코의 잉카족이 전쟁으로 그들의 경쟁
관계가 종식된 정확한 시기에 대해서 학자들 간에 많은 논란
이 있다고 역사 교사에게 들었는데 1450년이 페루의 공식적인
역사 인식이라는 점을 알 수 있었다. 1450년까지 아야꾸초 지
역이 페루 안데스 고원 문명의 중심지였다는 것을 알고 나니

와리 문명의 거대 석판

와리 문명의 재판장

와리 문명의 미라 보관소

왜 스페인 정복자 피사로가 쿠스코 다음으로 여기를 중시하고 백인들의 이주와 정착을 서둘렀는지 이제야 이해가 간다.

독립전쟁의 마지막 결전지 끼누아 벌판

　와리 유적지에서 얼마 가지 않아 남미 독립전쟁의 마지막 혈전이 벌어졌던 팜파스 데 끼누아 마을이 나온다. 관광버스는 마을 옆을 지나치더니 약간 오르막으로 된 고도 3,275m 언덕에 올라선다. 그곳에는 넓은 고산 벌판이 펼쳐지고 동북쪽 시선의 끝 지점에 경사가 완만하지만 웅장한 산등성이, '콘도르 쿤카(Condor Cunca)'가 솟아 있다. 산등성이와 반대편인 끼누아 마을 쪽의 언덕 위에 남미 독립전쟁 44년을 상징하는 높이 44m의 하얀 승전 '오벨리스크(obelisk, 첨탑)'가 세워져 있다.

　1807년 10월 나폴레옹 군대가 스페인 이베리아반도를 침략함으로써 시작된 유럽의 '반도전쟁'은 스페인 왕정의 남미식민지에 대한 권력 공백을 가져왔다. 식민지에 불어 닥친 경제 위기와 그 당시 유럽에서 휘몰아친 계몽주의 사상, 북미의 독립전쟁, 그리고 안데스 원주민들의 봉기 등은 남미 스페인 식민지의 '끄리오요(criollo, 남미에서 태어난 스페인 백인 후예)'들에게 독립의 열망을 불러일으켰다. 그래서 식민지의 군부를 중심으로 남미독립의 열풍이 불기 시작했다. 그 열화와 같은 남미 독립전쟁에 있어서 가장 커다란 역할을 한 사람 둘이 있었으니 바로 북쪽 베네수엘라의 시몬 볼리바르와 남쪽 아르헨티나의 산 마틴 장군 두 사람이다. 스페인 왕정의 군대가 가장 마지막까지 버틴 페루의 독립은 바로 이 두 장군의 합작품이라고 할 수 있다. 먼저 아르헨티나의 독립을 달성한 산 마틴 장군은 5,000여 명의 군사를 이끌고 21일 만에 안데스산맥을 기습적으로 넘어 칠레의 독립 영웅 '베르나르도 오 히긴스(Bernardo O'Higgins)' 장군의 군대와 전격 합류한다. 1818년 칠레의 '챠카부코(Chacabuco)'와 '마이푸(Maipu)' 전투에서 왕정의 군대에 연거푸 승리를 거두고 수도 산티아고를 점령하여 칠레의 독립을 선언하기에 이른다. 하지만 남미 왕성의 최초 본거지인 페루의 리마 부왕청을 굴복시키지 않고는 남미독립의 완결은 요원한 일이 되어버린다는 점을 깨달은 산 마틴 장군과 칠레 독립해군의 '토마스 코커레인(Thonas Cocrane)' 제독은 남미 왕정의 본거지인 페루를 독립시키기 위하여 1820년 8월 7일 8척의 군함으로 페루 중부 리마의 남쪽 '파라카스(Paracas)' 해안에 상륙하여 10월 26일 인근의 도시 피스코를 점령하고 11월 12일 리마의 북쪽 해변에 위치된 '와쵸(Huacho)'에 사령부를 설치한다.

리마 부왕청의 군대가 강하다는 사실을 잘 아는 산 마틴 장군은 인명의 손실을 줄이기 위해 페루의 독립을 외교적인 전술로 풀어 보려고 노력했다. 페루 독립을 승인하라고 강요하는 대표단을 리마에 보냈으나 협상은 무산되었다. 한편 리마의 부왕청 내에서는 그 당시의 부왕 '파주엘라(Pazuela)'가 부왕청의 군사령관 '호세 데 라 쎄르나(Jose de la Cerna)'에게 산 마틴 장군의 공격을 방어하라는 명령을 내린다. 하지만 평소 우유부단한 부왕에 대해서 불만을 품고 있던 군사령관 쎄르나는 1821년 1월 29일에 쿠데타를 일으켜 파주엘라를 부왕의 자리에서 몰아내고 스페인 왕의 인정을 받아 자기가 부왕의 자리에 오른다. 이와 같은 부왕청의 내부 세력 다툼은 왕정의 군대에 많은 병사가 도망치는 빌미가 되었다.

군사적인 정면 대결을 피하려고 산 마틴 장군은 다시 새로운 부왕 쎄르나와 만나 입헌 군주제를 제안했으나 거절당한다. 하지만 도망치는 병사들이 더 늘어날 것을 두려워한 부왕 쎄르나는 왕정의 군대를 이끌고 리마를 버리고 안데스 고원지대로 올라간다. 이에 1821년 7월 12일 산 마틴 장군은 리마에 무혈 입성하여 페루 국기를 제작하고 7월 28일 페루의 독립을 선언하기에 이른다. 리마에서 페루의 독립은 선언되었지만 알토 페루(Alto Peru, 높은 페루, 페루의 남부 고원지대와 현 볼리비아) 지역은 아직도 막강한 스페인 왕정의 군대가 장악하고 있는 형세였다.

한편 북쪽의 시몬 볼리바르 장군은 베네수엘라를 독립시키고 1821년 현 콜롬비아의 '까라보보(Carabobo)' 전투와 1822년 '피친차(Pichincha)' 전투를 승리로 이끌며 북쪽의 '뉴 그라나다(New Granada)' 부왕청을 스페인 왕정으로부터 독립시킨다. 이어서 남하하여 1822년 7월에 현 에콰도르의 '과야킬(Guayaquil)'에서 산 마틴 장군과 만난다. 그 회담에서 두 장군은 독립된 페루의 정부 형태를 두고 이견을 보인다. 공화정을 주장하는 볼리바르 장군에 반해 산 마틴 장군은 입헌 군주제를 주장한다. 특히 그 당시 유럽 연합국에 패전 당하여 지중해의 '엘바(Elba)' 섬에 위리안치된 프랑스의 나폴레옹을 왕으로 모셔 와 입헌 군주제를 하자는 주장을 한다. 하지만 회담이 결렬되자 그 당시 유럽에서 불어 닥친 계몽주의 사상의 영향으로 입헌 군주제보다 공화정이 대세라고 판단을 한 산 마틴 장군은 페루 독립의 나머지 숙제를 볼리바르 장군에게 남기고 1822년 9월 22일 페루를 떠난다.

산 마틴 장군이 철수하자 페루 독립을 지지하는 지방의 군소 군부 세력들이 '토라타 모케과(Torata Moquegua)'에서 왕정을 지지하는 세력에게 패하는 등 페루의 독립 분위기가 침체할 위기에 봉착하게 된다. 이에 새로이 구성된 페루의 국회는 '볼리바르' 장군을 페루의 지도자로 승인하고 군대 징집권을 부여한다. 1824년 8월 6일 새로이 형성된 독립군 본대와 왕정의 주력부대가 최초로 페루 중부 고원의 도시 '후닌(Junin)'에서 격전을 벌였다. 독립군이 그 전투에서 조그마한 승리를 했으나 서로 별다른 큰 피해는 없었다. 하지만 도망치는 병사들이 늘어나는 상황에서 지리적으로 불리함을 느낀 쎄르나 부왕은 왕정의 군대를 이끌고 지금의 아야꾸초(그 당시는 '후아망가')로 이동한다.

얼마간 소강상태를 보이다가 4개월 후인 1824년 12월 9일 마지막 결전이 벌어졌다. 그 장소가 바로 아야꾸초의 외곽지역인 '팜파스 데 끼누아'이다. 새로운 부왕 '호세 데 쎄르나(Jose de Serna)'가 이끄는 약 10,000명의 왕정의 군대와 베네수엘라의 독립 영웅 '시몬 볼리바르(Simon Bolivar)' 장군의 부관 '안토니오 호세 데 수크레(Antonio Jose de Sucre)' 장군이 지휘하는 약 6,000여 명의 남미 독립군이 4시간에 걸친 혈투 끝에 수적인 열세와 지리적 불리에도 불구하고 기병대의 원활한 활용 전술을 탁월하게 펼친 결과 독립군의 승리로 결말이 났다. 이 전투는 남미 독립군의 구성이 '아르헨티나, 칠레, 페루, 콜롬비아, 베네수엘라, 에콰도르'의 연합군대라는 점에서 9년 전인 1815년 영국의 '웰링턴(Wellington)' 장군이 지휘한 7개국의 연합군대가 그 당시 막강했던 프랑스의 나폴레옹 군대를 상대로 승리를 거두었던 벨지움의 워털루(Waterloo) 전투에 자주 비유되는 전투이기도 하다.

부왕 쎄르나의 심각한 부상으로 인해 부관인 '호세 데 깐떼락(Jose de Canterac)' 장군이 항복문서에 서명함으로써 44년간 지루하게 끌어오던 남미 독립전쟁의 마지막 마무리가 이렇게 맺어졌다. 하지만 독립군에서 310명 사망에 709명 부상, 왕정의 군인이 약 1,800여 명 사망에 700여 명이 부상함으로 엄청난 인명이 희생당하는 결말을 초래했다. 이 엄청난 인명 살상을 보고 '시몬 볼리바르' 장군은 이 사실을 잊지 말자고 말하면서 그 도시의 이름을 '후아망가(Huamanga)'에서 '아야꾸초(Ayacucho)'로 바꾸었다.

이윽고 포장되지 않아 흙먼지가 푸석푸석 날리는 커다란 야외주차장에 관광버스가 도착했다. 이미 상당히 많은 관광객이 도착하여 관람 중인 듯 많은 사람으로 붐빈다. 관람하는 길은 주차장에서 비스듬히 언덕 위로 올라가며 나 있다. 언덕 아래에는 수많은 선물 가게와 음식점들이 일렬횡대로 성업 중이었다. 모든 상점이 나무 기둥에 안데스 야생풀인 이츄로 이은 지붕으로 되어 있어 마치 우리나라 초가집을 보고 있는 듯 정겹게 다가온다. 언덕 위에 올라서니 넓은 고산 평원이 전개된다. 오른쪽인 동쪽 끝에는 '콘도르 쿤카(Condor Cunka, 콘도르의 목)' 산이 완만한 경사를 만들며 장중하게 서 있고 서쪽 끝은 절벽인 것 같다. 그 절벽 바로 위에 44m의 하얀 승전 기념탑이 위용을 자랑하며 서 있다. 승전 150주년을 기념하기 위해 1974년에 세운 탑이라는 가이드의 설명이 있었다.

동절기 건기라 평원의 풀들은 모두 베이지색으로 말라 있다. 멀리 산기슭에만 군데군데 유칼립투스 나무들의 군락들이 검푸르게 보일 뿐 광활한 평원에는 많은 관광객이 이리저리 몰려다니며 관람에 열중하는 모습이다. 관람 코스에는 말을 빌려 타고 왕정의 군대가 진을 쳤던 산 쪽으로 가면서 관람하는 방법과 걸어서 독립군의 진영이었던 마을과 이어지는 절벽 쪽 승전 기념탑과 그 주변을 관람하는 두 가지 방법이 있는 것 같다. 우리는 먼저 걸어서 승전 기념탑으로 갔다. 승전 기념탑은 웅장했다. 가로 100여m, 세로 60여m, 높이 2m 정도의 단을 쌓고 그 중앙에 높이 44m의 탑을 세웠다. 탑은 가로세로 30m의 기저 단에서부터 예리한 삼각 형태로 비대칭적인 표면으로 뾰족하게 세워 전체를 하얗게 칠했다. 정면에서 바라보아 왼쪽 입구에는 커다란 페루 국기를, 좌우에 페루 독립전쟁에 참여한 10개국의 국기들을 게양해 놓았다는 것이 특징이다. 탑의 정면에는 "아야꾸초의 승리자들(VENCEDORES DE AYACUCHO)"이라는 문구와 독립전쟁에서 가장 공이 큰 여섯 명의 장군들 동상을 세웠고 참여한 10개 나라 군부대들의 문장들을 동판으로 새겨 걸어 놓았다. 탑의 기저 단 후면에는 백병

전의 세부 장면들을 동상으로 만들어 부착해 놓았다. 칼을 들고 뛰어가는 병사, 칼에 맞아 쓰러지는 병사, 고함을 지르며 동료들을 독려하는 병사 등 전투의 실감을 살린 장면들을 담았다. 그런데 훼손된 동상들이 군데군데 보인다. 누가 치켜든 칼도 떼어 가고 팔도 심지어는 머리 부분도 떼어 갔다. '훼손된 모습들이 전투 장면을 더욱 생생하게 표현하는 것 같다'는 생각에 피식 웃음이 나왔다.

탑 정면에 서서 평원과 산 쪽을 바라보았다. 마치 그날의 전투 장면을 보고 있는 듯 간헐적으로 들리는 대포 소리에 조총 소리, 말발굽 소리, 창과 칼이 부딪치는 소리가 지척에서 들려올 것 같기도 하다. 어디서 불어오는 바람인지 모르지만 청량하면서도 산뜻한 한줄기의 바람이 불어오더니 태양 열기로 달구어진 얼굴을 시원스레 스친다. 이 산뜻함은 안데스 고원지대에서만 느낄 수 있는 아주 독특한 느낌인 것 같다. 아무리 훈련으로 잘 단련된 병사들이고 수적인 우세와 지리적인 장점에도 불구하고 왕정의 군대가 패전하게 된 것을 보면 자유를 향하는 역사의 거대한 물결 앞에는 인간이 만든 우세함 따위는 별 소용이 없었던가 보다.

선물 가게를 둘러보고 나니 시장기가 든다. 허술한 건물에 야외용 가스버너와 나무를 이용하여 음식을 만들고 있고 음식의 종류들도 다양하다. 모든 식당이 많은 사람으로 붐빈다. 겨우 빈자리를 찾아 앉았다. 많은 음식 종류가 고기를 기름에 튀겨서 만드는 음식들인 것 같아 다른 음식을 찾았더니 안데스 고원지방에서 생산하는 밀로 만든 '삐깐떼 뜨리고(picante trigo)'를 소개한다. 매콤하고도 걸쭉한 보리 죽과 같은 음식이라 느끼하지 않아 맛있게 먹었다.

점심을 먹고 관광버스는 고산 평원 바로 아래에 자리한 끼누아 마을로 들어간다. 이곳은 잉카시대 이전인 창카시대부터 도기의 마을로 이름을 떨치던 곳이라고 한다. 우리나라나 중국의 도자기처럼 고령토를 사용해서 고열에 굽는 방법이 아니라 붉은 흙을 사용하여 비교적 낮은 온도로 구웠던 것처럼 보인다. 그릇 종류보다 사람의 상을 도기로 빚어 채색한 것들이 많이 보인다. 중앙 광장을 중심으로 도기 장인들이 각각 가게를 열어 놓은 것 같은데 가게마다 사람 크기의 도기 인물모형들을 문 앞에 세워 놓았다. 안데스의 전통 복장과 농기구, 민속 악기 등을 들고 있는 인물모형들의 모습이 장인마다 특색을 드러내고 있어 재미있는 구경거리가 되었다. 한 가게에 들어가니 장인의 작업실과 전시실을 볼 수가 있었다.

크고 작은 사람의 모형과 교회 건물모형을 도기로 빚어 작업실에서 채색하고 있는 듯 보였다. 교회 건물모형은 하나같이 중앙 본체건물 좌우 옆에 종각 건물인 듯한 뾰족한 두 개의 건물을 붙여 놓은 형태이다. 실내에 두는 단순한 기념품이라고 보기에는 너무 거칠고 너무 수량이 많아 가이드에게 그 용도를 물었더니 밖에 나가서 건물들의 지붕을 쳐다보라고 한다. 중앙 광장에서 바라보는 사방 모든 건물의 지붕 용마루 위에 도기로 된 교회 건물모형을 세워 놓았다.

새집을 지을 때 가장 마지막으로 교회 건물모형이나 황소모형을 용마루 위에 올려다 놓는 것이 이 지방의 풍습이라고 한다. 옛날에는 대지의 여신 '파차마마'에 대한 경건함을 표시하여 건물의 보호와 안전과 다산을 비는 황소모형 도기를 지붕 용마루에 설치했다고 한다. 그래서 이름도 '또리또 데 뿌까라 (torito de Pucara, 뿌까라족의 작은 황소)'라고 불렀는데 지금은 하느님에 대한 경건함을 표시하기 위하여 교회 건물모형 도자기를 많이 설치한다고 한다. 교회 건물모형은 하느님에 대한 신앙심과 하느님의 보호를, 황소는 다산과 풍요, 그리고 대지의 여신인 파차마마의 보호를 의미한다고 알려준다. 우리나라에서도 새집을 지을 때 이와 비슷한 의례를 치른다. 새 건물의 용마루가 되는 대들보를 올릴 때 상량식을 하고 건물의 건재함과 사람의 복을 하늘에 축원하는 글씨를 대들보에 쓰는 풍습이 있는데 사람 사는 근본 모습은 안데스나 우리나라나 비슷한 모양이다.

끼누아 벌판

독립전쟁 당시 가장 공이 큰 6명의 장군동상

안데스의 여왕, 뿌야 라이몬디

아침 6시에 여행사 앞에 대기 중인 관광버스에 올랐다. 16인 승 버스에 탄 관광객들은 나를 제외하고는 모두가 페루인이다. 이곳은 아직도 외국 관광객에게 잘 알려지지 않은 미지의 땅인 모양이다. 외국인들이 이곳에 오려면 시간과 비용도 많이 소요되겠지만 제대로 된 여행 정보도 구하기가 만만찮을 것이다. 안데스의 속살인 아야꾸초는 외국인들이 편하게 여행할 수 있을 정도로 관광 인프라가 아직 발달하지 않은 것처럼 보인다. 아무래도 1980년대 이곳에서 발생했던 반란사건이 큰 영향을 끼친 것으로 여겨진다. 그 사건으로 말미암아 이 지역은 수십 년간 중앙정부의 냉대로 발전에서 도외시되었고 자연적으로 관광객들이 방문하기를 꺼리는 지역으로 인식된 것이 분명하다.

해발 2,746m인 아야꾸초 시가지는 고산에 둘러싸인 분지로서 시 외곽으로 나가려면 4,000m까지 고도를 올라가야 한다. 지그재그의 길을 한참을 올라간다. 관광버스는 고개를 넘더니 남쪽으로 방향을 튼다. 자세히 보니 이틀 전에 '와와뿌끼오(Huahuapuquio)' 근교 투어를 갈 때 갔던 그 길인 것 같다. 이 길은 또한 아방까이와 아야꾸초를 잇는 주요 도로인 해방로가 아닌가 생각이 된다. 해발 4,000m의 동절기 아침 기온은 상당히 내려간다. 입에서는 하얀 입김이 마구 피어오르고 손과 발이 시리다. 태양이 떠오르기 전의 고산 아침은 견디기 힘들 정도의 냉기가 전신을 파고든다. 하지만 곧 태양이 떠오르면 냉기가 사라진다는 생각에 참아낼 만하다. 땔 나무가 전혀 없는 4,000m 고산에서 체온을 유지하는 방법은 내 체온을 외부에 빼앗기지 않도록 담요로 몸을 둘러싸는 방법과 유일한 외부 온기의 근원인 태양의 열기를 받는 방법밖에는 없다. 게다가 태양 빛은 모든 농작물의 성장과 결실에 꼭 필요한 존재이니 그들에게 태양이 얼마나 중요하고 절대적 존재이었겠는가? 안데스 고산 원주민들이 왜 태양신을 그토록 숭상하게 되었는지 몸으로 직접 느껴 알 수 있는 경험이었다. 아침 식사를 위해 멈추어 선 장소도 이틀 전과 똑같은 콘도르 꼬차 식당이다. 한껏 움츠린 자세로 난로도 하나 없는 썰렁한 식당으로 들어갔다. 입김을 하얗게 날리며 먹는 양고기 수프는 나의 아침 식사 단골 메뉴가 되고 말았다.

아침을 먹고 난 후 얼마 가지 않아 이틀 전에 갔던 길과는 갈림길에서 헤어져 비포장도로를 간다. 조그만 마을을 지나고 고산의 구릉 지대를 얼마간 가더니 주도로와 다시 헤어져 그야말로 농로 같은 좁은 길로 들어선다. 차가 멈춘 곳은 고산 구릉 지대의 평평한 부분의 한쪽 끝자락이다. 걸어서 한참을 들어가니 열댓 그루의 거대한 나무가 군집한 곳이 나오는데 아름드리 둥치가 3~4m 높이로 솟아 있는 그 모습에 나는 놀라 벌어진 입을 다물 수가 없었다. 낮은 풀과 관목들만이 겨우 생명을 유지할 수 있는 3,000m가 넘는 고산지대에 이렇게 큰 나무가 자란다는 것은 상상도 할 수 없는 일이다. 나무는 희귀하게도 파인애플 과에 속한다고 한다. 이름은 '뿌야 라이몬디(Puya Raimondi)'라고 하고 국제자연보존연맹(IUCN)에서 2009년에 멸종 위기의 식물로 지정했다. 그리고 페루 정부는 이곳 '띠딴까욕(Titankayoq)' 지역을 희귀식물인 뿌야 라이몬디 보호구역으로 지정했다고도 한다.

뿌야 라이몬디는 해발 3,200m 이상 4,800m 이하의 고산지역에서만 자라며 '안데스의 여왕'이라는 별칭이 붙을 정도로 안데스에서 가장 큰 식물로 알려져 있다. 원래 '안데스의 야자수'라는 이름이었는데 19세기에 페루에 이민 와서 안데스에서 다양한 식물탐사를 실행했던 이탈리아 과학자 '안토니오 라이몬디(Antonio Raimondi)'의 업적을 기념하기 위해 '뿌야 라이몬디'로 명명했다고 알려진다.

　크기는 평소 3~5m이고 꽃이 필 때는 꽃대가 10m 이상 높게 올라가는 것이 특징이라고 한다. 식물 분류상 파인애플 과로 분류되는 것처럼 전체 모양은 우리가 흔히 보는 파인애플과 비슷하다. 파인애플의 깎아 먹는 부분에 해당하는 둥치 부분이 2~3m이고 그 위에 용설란처럼 길쭉길쭉한 1~2m 정도의 잎들이 고슴도치의 털처럼 사방으로 뻗어 있는 형상이다. 파인애플과의 모든 식물이 다른 식물에 착생하여 뿌리를 내리는데 반면에 뿌야 라이몬디는 땅에 직접 뿌리를 내리는 점이 다르다고 한다. 뿌야 라이몬디는 평균 수명이 인간 수명과 비슷한 80년이라고 한다. 평생 한 번 꽃을 피우고 죽는데 그 꽃을 피우는 모습이 '안데스의 여왕'답게 장엄하다. 3개월에 걸쳐 8,000개에서 20,000개의 꽃을 피우고 6백만 개의 씨앗을 맺는다고 한다. 제대로 된 나무 하나 보이지 않는 민둥한 4,000m 고산에서 더구나 밤에는 영하로 내려가는 기후의 악조건하에서도 거대한 몸집으로 살아남는 것도 놀랄만한 일인데 수많은 꽃을 피우고 엄청난 씨앗을 맺는다는 점이 놀랍기만 하다. 생명을 이어가려는 모든 생명체의 노력이 이토록 절실하고 지엄하다는 사실에 다시 한번 더 고개를 숙인다.

　밑둥치 없는 어린나무는 제외하고 밑둥치가 1m 이상의 나무들은 한결같이 밑둥치를 불로 태운 듯 까맣게 변해 있다. 가이드에게 그 이유를 물으니 나무가 자람에 따라 밑의 잎들이 말라 죽는데 그냥 두면 벌레가 기생하기도 하고 세균에 감염되어 나무의 수명이 짧아진다고 한다. 그래서 나무가 어느 정도 자라면 나무를 질병에서 보호하기 위해 인위적으로 불에 그을린다고 한다.

페루 관광객들은 페루 국기를 앞에 펼쳐 들고 뿌야 라이몬디 앞에서 단체 사진을 찍는 등 부산을 떤다. 페루인들이 뿌야 라이몬디에 대한 인식이 어떠한가를 알 수 있는 순간이었다. 하지만 이곳에 있는 나무들의 전체적인 모습은 생기를 잃고 쇠퇴의 길로 접어들고 있다는 느낌을 지울 수가 없다. 30~40년 전까지만 해도 안데스의 4,000m 이상 많은 지역에 걸쳐 이 뿌야 라이몬디가 서식하고 있었다고 한다. 그 수가 급격하게 감소하여 지금은 이곳을 포함한 일부 극소수 지역에서만 이 나무를 볼 수 있다고 한다. 앞으로 50년 후면 안데스에서 '안데스의 여왕'을 볼 수 없을지도 모른다는 생각이 든다. 한 번에 6백만 개의 씨앗을 퍼뜨리는 장엄한 생식으로 후손을 이어가려고 하지만 결국에는 멸종되고 말 것이라고 예측된다. 그 주된 원인은 인간이 만드는 지구 환경의 변화 때문이라고 하니 인간으로서 미안하기도 하거니와 많은 생각을 하게 된다.

인간을 사고의 중심에 두고 인간사회의 발전이라는 명목

뿌야 라이몬디

으로 자연을 파괴하고 오염시켜 온 결과 지구가 병들고 몸살을 앓고 있다. 얼마나 많은 동물과 식물들이 지구에서 사라져가고 있는가? 인간의 삶도 점점 더 큰 영향을 받고 있다. 대형 산불, 거대한 태풍과 허리케인, 예상을 벗어나는 엄청난 홍수, 폭설, 가뭄 등 기상 이변이 가지고 오는 엄청난 재해는 점점 더 그 횟수와 정도를 높여가고 있다. 이 모든 게 극단적인 인간 중심사고에 토대를 두는 과학과 문명의 발달로 생겨나고 있으니 하루빨리 모든 생명체가 함께 더불어 살아가야 한다는 인식의 전환이 필요한데 그것마저도 인간의 이기심으로 인해 지극히 어려운 일이 되고 만다.

일부 환경론자들이 주장하듯이 지구의 종말로 가는 폭주 기관차를 멈추어 세울 시간의 한계점이 이미 지나버린 것은 아닐까? 안데스의 여왕처럼 종말을 알고도 어쩔 수 없이 끌려가고 있는 것은 아닐까? 많은 생각에 잠겨있을 때 방문할 다른 곳의 일정이 빡빡하기에 더 머무를 수 없다고 가이드가 재촉한다. 자꾸 뒤를 돌아보며 '안데스의 여왕'에게 하직 인사를 한다. 언제 다시 알현할 기회가 또 올까?

뽀마꼬차 호수의 인티 와따나

 버스는 다시 좁은 농로를 벗어나 조그만 계곡을 건넌다. 비교적 넓은 비포장도로에 합류하더니 먼지를 날리며 울퉁불퉁한 도로를 한참 달리다가 산중턱으로 난 절벽 아랫길로 들어선다. 얼마를 왔을까? 계곡 사이로 멀리 제법 큰 마을이 보여 가이드에게 물었더니 이 지역 소재지인 '비스총고(Vischongo)' 마을이라고 한다. 그런데 버스는 그 마을로 가지 않고 다시 오른쪽으로 벗어나 급경사의 좁은 산길을 지그재그로 올라간다. 산 위로 조금 올라가니 집 몇 채가 보이는 마을과 더 넓은 호수가 나타난다. '뽀마꼬차(Pomacocha)' 호수라고 한다. 마을 건물 옆 벽에 인티 와따나 잉카 유적지라는 페루 문화청에서 적어 놓은 글귀가 보인다.

 안데스 언어인 케추아 말로 '인티(Inti)'는 '태양'을, '와따

(huata)'는 '잡아 두다'를 '나(Na)'는 '물건 혹은 장소'를 의미한다. 잉카 시대에 모종의 종교적인 제례를 치렀던 장소임에는 분명하다. 하지만 스페인 식민지 시절 제5대 부왕 '프란시스코 알바레즈 데 톨레도(Francisco Alvarez Toledo)'는 안데스 원주민을 가톨릭으로 개종시킨다는 명목으로 신성모독이라는 죄명을 씌워 페루 전역에 있는 인티 와따나를 모조리 파괴해 버렸다. 그래서 안데스 지역의 여러 장소에서 지명으로 인티 와따나가 남아있었으나 350년 동안 그 모습이 실제 어떤 모양인지 모르고 있다가 1911년 미국인 역사학자 '하이럼 빙엄(Hiram Bingham)'에 의해 '마추픽추(Machupichu)'가 발견되고 나서 훼손되지 않고 남은 그 실제 모습을 볼 수 있게 되었다. 마추픽추의 인티 와따나는 가로세로 2×4m의 커다란 바위를 깎아 1.5m의 높이에 평평한 면을 만들고 그면 중앙에 50~60cm의 직육면체 돌기둥을 깎아 세운 형태이다.

인티 와따나의 실제 모습과 명칭이 주는 의미를 연결해 유추하고 구전으로 전해 내려오는 잉카 시대의 제례 의식을 기록한 정복 초기의 연대기를 종합하여 학자들은 잉카 시대에 잉카 왕이 '태양을 잡아두는 모종의 제사'를 남반구의 동지인 6월 24일에 이곳에서 치렀을 것으로 추측한다. 그들로부터 가장 멀리 가 있는 태양이 더 멀리 사라지지 않고 다시 돌아오도록 태양신을 달래는 제사를 태양의 후손인 잉카 왕의 집전으로 거행했던 것 같다. 이 제사를 지낸 후 태양은 조금씩 가까이 돌아와 인티 와따나의 돌기둥 그림자가 점점 짧아지고 다시 한 해 동안 그들 주위에 머물며 만물을 풍요롭게 만든다.

안데스 고산지대에서의 태양의 역할은 절대적이다. 세상을 밝혀 인간 생활을 가능케 하며, 또한 온기를 발산하여 세상 만물을 활기차게 만들고, 모든 작물의 결실을 거두게 하는 힘의 근원이 되는 존재이다. 이렇게 절대적인 존재가 차츰 사라지고 있을 때 다시 불러오는 능력을 많은 백성 앞에서 특히 정복지의 사람들에게 보여줌으로써 잉카 왕은 그들을 지배할 수 있는 권위를 얻을 수 있었고 또 그 권위를 오래도록 유지할 수 있게 되었던 것으로 보인다.

호수는 절수기라서 그런지 수면이 많이 줄어든 것처럼 보인다. 수면에서 산까지 넓은 잔디밭이 형성되어 있고 그 잔디밭으로 관람로가 만들어져 있었다. 호수 안쪽에는 안데스의 갈대인 '토토라' 갈대가 무성하게 자라고 야생 오리들도 몇 마리 보인다. 호수를 왼쪽에 두고 호숫가 관람로를 따라 얼마간 들어가니 오른쪽 산으로 길은 올라간다. 산중턱쯤 가파르게 올라오니 잉카유적 특유의 잘 다듬은 돌벽돌들로 만든 문과 벽체들이 반쯤 남아있는 유적들이 나온다. 유적 중앙에 커다란 자연석 바위가 높게 서 있는데 그곳이 인티 와따나를 만들었던 바위인 모양이다. 마추픽추의 인티 와따나에서 본 직육면체 돌기둥은 보이지 않는다. 하느님에 대한 신성모독의 이유로 스페인 정복자들에 의해 무자비하게 파괴된 잉카의 정신을 보는 것 같아 애잔한 마음이 들었다. 그것이 과연 하느님이 진정 원했던 일이었을까?

스페인 식민지 시대 안데스가 겪었던 역사의 잔혹함을 생각하며 호수를 내려다보았다. 길쭉한 호수 건너편은 이쪽의 높은 산에 비해 높이가 낮은 구릉으로 되어 있다. 구릉 너머에는 깊은 계곡이다. 완만한 구릉 위에 돌담으로 둘러쳐진 농지와 목장이 보이고 드문드문 유칼립투스 나무들이 높이 서 있다. 고산의 맑은 햇볕이 쏟아지는 베이지색 들판에서 소들이 한가로이 노닐고 있다. 잉카유적의 돌담 사이로 내려다보이는 호수와 목가적인 풍경은 더할 나위 없이 평온하고 따뜻하고도 밝은 기운이 넘친다. 왜 이곳에다 인티 와따나를 설치하고 제사를 지냈는지 이해가 될 것 같기도 하다.

산에서 내려와 길쭉한 호수를 따라 관람로는 더 깊숙이 들어간다. 얼마 가지 않아 관람로 바로 옆에 산에서 내려오는 물줄기를 2m 정도의 높이에서 떨어지게 돌을 쌓아 만든 '잉카의 샘'이 나온다. 예전에 볼리비아의 '태양의 섬'을 방문했을 때 본 '잉카의 샘'과 같은 모양이다. 다만 물줄기가 '태양의 섬'에는 3줄기인데 반해 여기는 2줄기로 떨어지는 게 다르다. 아마도 제사 지내기 전에 잉카 왕이 몸을 깨끗이 씻기 위해 만든 장소였던 것 같다. 산 쪽으로 올려다보니 안데스 원주민들이 신성시 여겼던 안데스의 토종나무인 '께우냐(queuña)' 나무가 밀집해 자라고 있다.

께우냐 나무는 해발 3,000m 이상의 고지에 잘 자라는 나무로 4,500m 이상의 지역에서도 자랄 수 있는 유일한 나무라고 한다. 아주 작은 잎에 휘어진 붉은 둥치와 표피의 얇은 껍질이 우리나라의 적송처럼 터실터실하게 일어나는 아주 멋스러운 나무이다. 안데스 원주민들은 코카잎을 씹으면서 이 께우냐 나무를 안고 있으면 좋은 기운을 받을 수 있다고 믿는다. 하지만 수입종인 유칼립투스 나무의 생태적인 위협에 밀려 해발 3,500m 이하의 지역에서는 멸종 직전에 있고 유칼립투스가 자랄 수 없는 4,000m 이상의 지역에서만 겨우 그 명맥을 유지해 가고 있다고 한다. 그래서 해발 3,000m 이상의 오지마을에 께우냐 나무를 대대적으로 식목하는 행사를 페루 자연 보호 단체가 중심이 되어 실시하고 있다.

유칼립투스 나무는 1960년대 말기에 페루 군사정권이 농토를 재분배하면서 고산에서 농사를 짓고 살 수 있는 여건을 만들려고 가장 어려웠던 땔감 문제를 해결하기 위해 호주에서 들여와 안데스 고산지역에 심었다고 한다. 유칼립투스 나무는 안데스의 열악한 환경에 잘 적응하여 해발 2,500m에서 3,500m 사이의 안데스의 고산 풍경을 바꾸어 놓았다고 한다. 4~5m

뿌마꼬차 호수

이상 높이 자라는 나무가 없었던 안데스 고산에서 20~30m까지 쭉쭉 뻗은 나무들이 숲을 이루고 있는 모습은 잉카나 식민지 시대엔 상상도 할 수 없었던 풍경이었는데 지금은 흔하게 볼 수 있는 안데스의 풍경이 되었다고 한다.

관람로는 더 깊숙이 들어간다. 가장 안쪽까지 들어가니 잉카 별궁의 잔해인지 거대한 건물터에 돌 기초가 남아있고 그 위에 무너져 내린 커다란 돌벽돌들이 무수히 흩어져 있다. 하나같이 면을 반듯하게 그리고 매끄럽게 다듬은 직육면체의 돌이다. 청동기 도구밖에 없었던 잉카인들이 저렇게 수많은 돌을 원하는 크기로 반듯하게 잘라내어 매끄럽게 다듬고 한 치의 틈새도 없이 치밀하게 쌓았다는 사실을 도저히 상상할 수가 없다. 남아있는 돌 기초의 규모와 돌벽돌 잔해들로 미루어 보아 상당히 비중 있는 장소였음이 분명하다.

파란 하늘과 넓은 호수를 배경으로 '잉카의 꽃'이라고 할 수 있는 '깐뚜따'의 붉은 꽃이 돌 유적의 잔해 속에서 흐드러지게 피어 있는 모습이 너무나 아름답다. 치열했던 창카족과 잉카 부족의 전쟁도, 찬란했던 잉카제국의 번영도, 잔인했던 스페인 식민지 시대의 소용돌이도 저 순진무구한 자연의 순환 앞에서는 한낱 돌무더기로 남았고 흐드러지게 피어 있는 붉은 깐뚜따가 주는 의미를 넘어서지 못한다고 생각하니 새삼 역사의 무상함이 마음에 무겁게 다가온다.

돌 유적 바로 옆에는 수입종인 유칼립투스 나무가 20~30m 높이로 하늘을 찌를 듯이 솟아있다. 거대한 유칼립투스 나무 아래 무너진 잉카의 돌 유적들이 흩어져 있고 그 속에서도 아름답게 피어 있는 '잉카의 붉은 꽃'을 보니 마치 백인의 모진 핍박과 박해 속에서도 꿋꿋하게 생활을 이어온 안데스 원주민의 끈기를 보는 것 같아 묘한 기분이 든다. 호수 끄트머리 가장자리에 조그만 보트를 대 놓고 입구까지 관광객을 실어 나르는 청년이 보인다. 고산 호수에 담긴 푸른 안데스의 하늘과 흰 구름을 감상하며 청년의 보트를 타고 입구로 돌아왔다. 걸어서 돌아오는 관광객을 버스에서 기다리는데 음식 냄새가 시장기를 자극한다. 동네 소녀들이 거리에서 간식과 과일을 팔고 있다. 무슨 음식이냐고 물으니 비파나무 열매를 옥수수 전분에 넣어 끓인 '마사모라 데 니스뻬로(mazamora de nispero)'라고 한다. 한 그릇 사서 먹었다. 달짝지근하면서도 걸쭉한 죽과 같은 간식으로 새콤한 비파 열매가 아삭아삭 씹히는 게 맛도 좋았고 속도 든든했다. 버스는 다음 목적지를 향해 산길을 내려가고 있다.

잉카의 피라미드 우슈누

산을 내려온 버스는 다시 비포장도로를 달린다. 얼마 가지 않아 비스총고 마을을 왼쪽으로 지나치더니 산중턱으로 꼬불꼬불하게 난 길을 한참을 달려 제법 큰 마을인 '빌카스와만(Vilcashuaman)'에 도착한다. 우리나라 면 소재지 정도의 크기이다. 점심때인지라 버스는 바로 식당으로 향한다. 식당 이름이 '고르도 페즈(Gordo Pez)'이다. 우리말로 '살찐 물고기'라는 의미로 생선요리를 잘하는 식당인 것 같았다. 하지만 페루 내륙지방에서 생선요리는 별로 맛이 좋지 않았던 경험이 있어 나는 '치차론(chicharon)'을 시켜 먹었는데 치차론은 돼지고기 튀김과 샐러드 그리고 삶은 감자와 삶은 강냉이로 구성된 안데스의 가장 대표적인 음식이다. 이제는 안데스 전통 음식도 입맛에 익숙해졌는지 예전에 느꼈던 부담감 하나 없이 잘 먹었다.

식사 후 버스는 시가지의 좁은 골목을 지나 아르마스 광장에 도착한다. 바닥을 돌로 포장한 비교적 넓은 사각 광장 중앙에 동그란 분수대를 만들고 그 중앙에 잉카제국의 가장 위대한 왕인 '파차쿠텍' 왕으로 보이는 동상을 세웠다. 광장 안쪽에는 3단으로 형성된 거대한 잉카의 돌 유적 위에 스페인식 교회가 당당하게 서 있다. 거대한 돌 유적은 잉카 시대의 태양 신전의 잔해라고 한다. 이곳도 쿠스코의 '꼬리칸차' 태양 신전과 마찬가지로 스페인 식민통치 시절 가톨릭 전파라는 구실로 약탈과 파괴의 희생물이 된 잉카의 신전인 것 같다. 거대한 잉카의 돌 유적이 3단으로 광범위하게 펼쳐진 것으로 봐서 잉카 시대에 대단히 중요한 신전 중의 하나였던 것처럼 보인다. 3단 중 중간층에는 높이 2m, 깊이 0.5m의 사다리꼴 벽감들을 여러 개 만들어 놓은 점이 이채롭다. 아마도 태양의 후손인 잉카 왕족 중 중요 인물의 미라들을 안치했던 것처럼 보인다.

바닥에서 교회의 정문으로 바로 올라가는 가파른 돌계단을 따라 올라가 보니 교회는 시가지 규모에 비교해 상당히 크다. 아마도 식민지 시절부터 오늘에 이르기까지 안데스의 깊숙한 속살 지역에서 가톨릭 전파의 중심지 역할을 담당해 온 당당한 모습이 보인다. 하지만 교회의 벽체 밑 부분은 잉카의 거대한 돌 기초가 눈에 띈다. 교회 전면은 전형적인 스페인 가톨릭 성당 건물의 특징인 양옆에 뾰족한 종탑을 세우고 중간 용마루 위에 십자가를 세웠다. 빈 틈새 하나 없이 잘 맞춰진 잉카의 돌 유적 위의 가톨릭교회 종탑과 십자가가 푸른 하늘을 배경으로 서있는 모습을 보니 어째 묘한 기분이 든다.

 교회의 정문 앞 높은 곳에서 바라보니 광장 한 모서리에서 한 블록쯤 들어간 곳에 놀랄 만한 잉카의 돌 유적이 자리하고 있다. 가이드가 그리로 안내한다. 이곳이 유명한 잉카의 피라미드 '우슈누(Ushnu)'라고 한다. 가까이 가 보니 4단으로 거대하게 축조된 직사각형 피라미드 형태의 돌 구조물이다. 잉카 특유의 매끄럽게 다듬은 돌 벽돌로 정교하게 축조한 석문을 지나면 꼭대기 층으로 바로 올라가도록 36개의 돌계단이 가파르게 설치되어 있다. 피라미드의 구조는 다음과 같다. 제일 밑단에는 잘 다듬은 돌 벽돌(약 1×0.5m)을 쌓아 가로 40~50m, 세로 20~30m의 거대한 직사각형 단을 만들고 4개의 면에 높이 약 2~2.5m, 너비 약 2~2.5m의 단으로 된 층을 4개 만들며 피라미드 형식으로 위로 올라가도록 축조했다. 마지막 꼭대기에 가로 15~16m, 세로 12~13m의 돌로 채운 반반한 직사각 면을 만들었다. 그곳에 커다란 두 개의 돌 옥좌가 놓여 있다. 아마도 종교의식이나 대규모 행사 시 잉카 왕 부부가 앉아서 종교의식을 주재하거나 행사를 관람하는 옥좌인 것처럼 보인다. 잉카 시대에는 옥좌의 표면을 금으로 덮고 온갖 보석들로 치장했다고 초기 정복 시대 연대기 작가들은 기록했다. 피라미드 구조물 속도 흙으로 채우지 않고 돌로만 채워 빗물에 씻겨 허물어지는 것을 방지했다고 한다. 층계 반대쪽에는 커다란 잔디 광장이 아래에 펼쳐져 있고 피라미드 바로 앞에는 가로, 세로 3m, 높이 1.5m의 정사각형 돌담으로 된 구조물이 두 개가 나란히 놓여 있다. 아마도 제례 의식에 쓰이는 살아 있는 제물을 두었던 곳으로 보인다.

우슈누는 쿠스코의 꼬리깐차(태양의 신전)를 그 중심에 두고 잉카제국 4개 권역에 잉카 도로를 따라 방사선처럼 구축되어 있었던 '쎄께(ceques)'라는 네트워크 위에 세운 신성한 제당들이었다. 관개시설 운용, 하늘의 운행으로 해석하는 달력, 계절과 사건에 따른 제사와 재판 등 다양한 기능을 담당했던 성전이었다고 한다. 쿠스코 꼬리깐차의 우슈누는 완전 파괴로 그 모습을 볼 수 없으나 이곳은 아직도 훌륭한 모습을 간직한 채로 남아있다. 케추아어의 어원으로 우슈누는 "물을 정화한다"라는 의미라고 한다. 그래서 초창기에는 옥수수(마이즈)로 담은 '치차(chicha)'를 이곳에서 제물로 바치다가 차츰 살아있는 동물의 피를 바쳤는데 잉카제국의 전성기 시절에는 살아있는 인간을 제물로 사용하여 그 피를 바쳤다고 한다.

안데스에서 구전되어 내려오는 이야기들을 스페인어로 기록한 초기 정복 시대의 연대기 작가들의 기록에 의하면 잉카 시대 중요 제사에는 인간도 제물로 바쳤다고 한다. 그런데 그

내용을 들여다보면 쿠스코의 잉카 왕과 지배계층들이 정복지의 피지배민들을 굴종시키기 위한 정치적인 수단으로 사용한 것 같다는 느낌을 지울 수 없다. 잉카가 정복한 지역의 모든 종족은 가장 건강하고 총명하며 인물 또한 가장 출중한 여자 아이를 뽑아 쿠스코의 잉카 왕에게 바쳐야 했다. 이 아이들을 '우차(hucha)'라고 불렀으며 선발된 아이는 왕족에 버금가는 지위를 얻게 되고 그 부모들도 상당한 지위로 상승하게 되며 그 지위에 맞는 토지까지 하사받게 된다. 각 지역에서 뽑힌 우차는 모두 쿠스코로 보내지는데 그곳에서 아주 성스러운 의식을 통하여 한 명을 선발하여 '까팍 우차(capac hucha)'라고 부르며 잉카제국의 가장 높은 신분인 잉카 왕의 분신으로 섬김을 받는다. 그리고 고향으로 되돌아가는 까팍 우차의 순례를 시작한다. 까팍 우차가 지나가는 지역의 모든 주민은 잉카의 왕을 알현하는 것처럼 예를 다하여 충성을 바쳐야 한다. 그리고 고향에 도착하면 우슈누에서 성대한 제사를 통해 잉카 왕을 대신하여 태양신에게 인간 제물로 바쳐지는 것이다. 잉카 왕은 안데스에서 가장 중요한 신인 태양신에게 자기의 분신인 까팍 우차를 제물로 바치는 제사를 통해서 정복지의 피지배민들에게 굴종을 강요하고 또한 권위와 위엄을 유지했던 것으로 보인다.

우슈누의 제일 상단에서 앞 층계의 반대편인 잔디 광장으로 내려가는 계단이 각층 마다 위치가 다르게 지그재그로 만들어져 있다. 아래로 내려가 보니 잔디 광장 중앙에는 제물을 바치는 제단으로 생각되는 바위 세 개가 상부만 드러낸 채 잔디밭에 묻혀 있다. 그 표면에 잉카의 세계관을 나타내는 3세계를 상징하는 문양이 음각으로 각각 새겨져 있다. 3세계는 천상의 세계 '아난 파차(Hanan Pacha)', 지상의 세계 '까이 파차(Kay Pacha)'와 지하의 세계 '우꾸 파차(Uku Pacha)'가 그것이다. 자세히 보니 세 바위 문양이 공통으로 액체가 문양을 따라 흘러 한곳으로 모이는 깊은 홈을 파놓았다. 사람이든 동물이든 제물을 그 바위 위에 눕혀놓고 생명을 끊어 피를 그 홈에다 바로 받았다고 상상할 수가 있는 그런 구조다.

인간을 제물로 바칠 때는 인간의 고통을 최소화하기 위해 며칠 전부터 알코올 음료인 치차를 마시게 하고 환각 상태를 유도하기 위해 코카잎을 씹도록 강요했다는 기록이 있다. 안데스에서 인간 생명의 존엄을 훼손하여 인간 육체에 행하는 잔혹한 행위는 인간 제물에 그치지 않는다고 한다. 안데스의 속살 지역인 이곳을 근거지로 잉카종족과 경쟁 관계에 있었던 창카족은 적군에게 극도의 공포심을 유발하기 위해 사로잡은 포로를 산 채로 거꾸로 매달아 발목부터 살갗을 벗기는 잔인한 행위를 했다고 한다. 고통으로 몸부림치는 포로의 괴성과 모든 피가 얼굴로 흘러내려 섬뜩한 몰골이 되어 죽어가는 과

빌카스와만 잉카 유적 태양신전의 잔해

정을 보여줌으로써 전의를 상실하게 하여 적군에게 항복을 받아내는 전법이라고 하니 가히 소름이 돋을 만한 야만적인 행위라 할 만하다. 포로가 된 적군 장수는 머리를 잘라 그 해골을 잔으로 만들어 아군의 사기를 높이기 위해 음료를 따라 돌아가며 마셨다는 이야기도 전해온다고 한다. 안데스 역사를 연구하는 백인 학자들에게 그들은 '안데스의 뱀파이어(vampire of Andes, 안데스의 흡혈귀)'라는 별칭이 붙을 정도였다고 하니 대다수가 기독교도인 백인들에게는 대단히 충격적인 이야기였던가 보다. 안데스 원주민의 야만성을 드러내어 가톨릭 교화의 빌미로 삼기 위해 스페인 사람들이 과장했다는 학자들도 있으

잉카의 피라미드 우슈뉴

나 이곳 우슈누에서 인간을 제물로 바쳤던 것은 엄연한 역사
적인 사실인 것 같다.

잔디 광장 오른쪽에는 '까양까(kallanka)'라고 불리는 지붕은
없고 높은 돌 벽체만 남은 '잉카의 방'이 길게 늘어 서 있고 맞
은편에는 울타리로 만든 돌담은 겨우 흔적만 남아있고 중앙에
잘 다듬은 돌로 된 석문이 하나 놓여 있는데 '태양의 문(portada
del sol)'이라는 팻말이 옆에 서 있다. 바로 옆 도로변에는 지붕

이 허물어져 폐허가 된 토담집에 잡초가 무성하다. 잘 다듬은 돌로 세련되게 만든 '태양의 문'과 허물어진 토담집은 함께 커다란 대조를 이루어 과거의 영광과 현실의 비참함을 나타내는 것 같아 씁쓰레한 입맛을 다시게 한다.

태양의 문

아야꾸초 시내 투어

오늘은 아야꾸초를 좀 더 세밀히 알아보기 위해서 교외 투어를 가지 않고 걸어서 시내 이곳저곳도 둘러보고 돌아가는 교통편도 알아볼 요량으로 아침에 느긋이 호텔을 출발했다. 먼저 '모토 택시(moto taxi, 오토바이 엔진 삼륜차)'를 타고 아르마스 광장으로 향한다. 중세시대인 스페인 정복 초기 안데스의 내륙 중심도시로 번창했던 도시가 페루 독립전쟁과 금세기 반란 사건의 중심부라는 이유로 발전에서 소외된 흔적들이 거리에 그대로 보인다. 아직도 흙벽돌 벽을 하얗게 칠한 거리 벽면이 대다수이고 도로도 중세 유럽식의 돌을 박아 포장한 노면이 군데군데 보인다. 아야꾸초는 1539년 스페인의 페루 정복자 '프란시스코 피자로(Francisco Pizarro)'에 의해서 설립되었다고 한다. 정복 초기부터 이곳이 중요시되고 스페인 정복자들의 거점도시로 자리하게 된 이면에는 잉카제국 이전에 안데스의 패권을 놓고 잉카종족과 경쟁 관계에 놓여 있었던 창카족의 근거지라는 숨은 이유가 있는 것 같다.

1532년 11월 16일 피자로는 페루 북부 안데스의 중턱에 자리한 '까하마르까'에서 180여 명 군대로 7만 대군의 잉카제국 황제인 '아타왈파(Atahualpa)'를 위계로 사로잡는 데 성공한다. 그리고 전국에 걸쳐 28톤의 금과 그 두 배의 은을 몸값으로 받고도 풀어준다는 약속을 어기고 8개월 뒤인 1533년 7월 16일 황제를 처형한다. 그리고 잉카의 수도인 쿠스코로 진격하여 점령함으로써 페루 정복의 끝을 맺는다. 이 엄청난 역사적인 사실을 두고 사가들은 여러 가지를 그 원인으로 분석해 왔다. 방심한 잉카의 황제를 속임수를 써서 생포하는 것은 어쩌다가 일어날 수도 있는 사건일지 몰라도 180여 명의 병사로 멀리 안데스산맥의 깊숙한 해발 3,400m에 자리하고 있고 아직도 막강한 군사들이 지키고 있는 잉카제국의 수도인 쿠스코를 그렇게 쉽게 정복했다는 사실이 거의 불가능한 일이라고 생각된다. 여기서 사가들은 스페인 정복자들에게 협조하는 안데스의 원주민들의 수효가 기하학적으로 증가했다는 점을 지적한다. 물론 안데스 원주민들이 스페인 정복군에게 협조하게 되는 이유 중에는 스페인 정복자 피자로를 안데스의 전설에 나오는 '비라코차(Viracocha, 창조의 신)'의 재림으로 여겼다는 것도 한 가지로 들 수 있겠으나 가장 큰 이유를 알려면 70~80년 전에 있었던 페루 안데스 남부 고원지대에서 발생했던 종족 간의 역학 관계와 스페인 정복자들이 도착하기 직전에 잉카 왕위를 둘러싸고 벌어졌던 왕자들 사이의 전쟁에 대한 이해가 필요하다.

오랫동안 안데스 남부 고원지대에서 잉카와 경쟁상태에 있다가 스페인 정복군이 페루에 도착하기 70~80년 전에 잉카의 지배를 받게 된 창카족의 협조가 가장 큰 이유가 아닐지 사가들은 추측한다. 잉카보다 더 강성한 세력을 가지고 있었으나 잉카를 정벌하려다가 오히려 역전당하여 잉카의 지배를 받아야 했던 창가족은 호시탐탐 재기를 노렸으나 그때마다 잉카군대의 급습과 대량학살로 좌절한다. 마침내 잉카제국에 굴종하여 잉카제국의 팽창 전쟁에 창카족 병사들은 최전선의 전사로 참가하여 용맹하게 싸워 현 콜롬비아까지 잉카제국의 영토를 넓히는 데 큰 공을 세운다. 그러다가 스페인 정복자들이 도착하기 직전에 잉카 황제 와이나 카팍과 왕위를 계승할 황태자 모두가 원정지인 에콰도르에서 천연두로 갑작스럽게 죽게 되자 잉카제국은 내전으로 치닫게 된다. 와이나 카팍 황제와 현 에콰도르에 위치된 키토 왕국의 마지막 공주 사이에서 태어난 서자 아타왈파 왕자와 남부 잉카제국의 본거지인 쿠스코 왕족의 적자인 와스카르 왕자 사이에 왕위를 둘러싸고 쟁탈 내전이 벌어진 것이다. 여기에서 창카족들은 자기들을 굴종시키고 무참히 짓밟아왔던 쿠스코 잉카종족 세력에 대항하여 반대편인 아타왈파의 편에 서서 승리를 거두는 데 큰 힘이 되었다. 그리고 내전에서 승리를 거둔 아타왈파가 스페인 정복자들에게 사로잡히자 7만의 잉카제국의 병사들은 뿔뿔이 흩어져 각자의 출신 고향으로 돌아갔으나 잉카 종족에게 오랫동안 핍박받아 원한을 가지고 있었던 창카족의 병사들은 이제는 스페인 정복자들을 도와 쿠스코를 점령하게 만든다. 쿠스코를 점령한 후에 꼭두각시로 앉혀 놓은 '망코 잉카 유팡키'가 3년 후인 1536년 반란을 일으키고 곳곳에서 원주민들의 봉기와 소요가 일어난다. 이에 위협을 느낀 피자로는 안데스 지역으로 스페인 개척자들의 이주를 서두르게 되는데 스페인 개척자들에게 제일 우호적이고 협조를 잘하는 창카족의 근거지였던 이곳 '후아망가(나중에 아야꾸초로 개명됨)'에 안데스 최초의 스페인 이주민 도시를 세우게 된 것은 지극히 당연한 결과라고 하겠다.

아르마스 광장은 비교적 넓은 정사각형의 형태에 중앙에 정 8각형의 공간을 만들고 그 한가운데에 페루 독립 영웅 '수크레' 장군이 오른손에 칼을 빼 들고 왼손으로 말고삐를 잡고 말을 모는 청동 형상을 높은 단 위에 설치해 놓았다. 아르마스 광장 동쪽 면에는 '아야꾸초 성당(Ayacucho Cathedral)'이 자리하고 있는데 이 성당을 중심으로 예수의 33년 일생을 상징하는 33개의 성당이 아야꾸초 시내 전 구역에 퍼져 있다. 남미에서 제일 오래된 교회인 '싼 그리스토발 교회(Igresia San Cristobal)'도 포함하고 있어 인근 안데스 지역뿐만 아니라 멀리 리마에서까지 가톨릭 신자들이 답파하기를 원하는 유명한 순례 코스가 되고 있다고 한다.

광장 남쪽 면에는 아야꾸초의 또 하나의 자랑거리인 '싼 크리스토발 데 후아망가 대학(San Cristobal de Huamanga University)'이 자리 잡고 있다. 이 대학은 1677년 7월 3일에 설립되어 남미 대륙에서 그 설립연도가 가장 오래된 대학이다. 하지만 이 대학의 철학과 교수인 '아비마엘 구즈만 레이노소(Abimael Guzman Reynoso)'가 1980년에 모택동식 공산주의의 기치를 내세운 반란조직인 쌘데로 루미노소를 이끌고 페루 정부에 반란을 일으킨 오명의 역사도 가지고 있는 대학이기도 하다.

중앙 광장 여행사에 알아보니 전번 지진으로 무너진 나스카 해변도로가 아직도 복구되지 않고 있다기에 부득불 여행계획을 변경해야 했다. 안나 선생과 함께 우앙까벨리까를 거쳐 우앙까요에 가기로 결정하고, 시 외곽 북쪽 높은 곳에 위치한 시외버스터미널에 가서 밤 9시에 출발하는 우앙까벨리행 버스표를 예매한 후 재래시장에 들러 늦은 점심을 먹었다. 돌아오는 길목에 자리한 무장반란 추모공원에 우연히 들르게 되었다.

공원 입구에 회색 철판을 삼면으로 이어 붙여 만든 조각물을 세워 놓았는데 한 면에는 총과 칼, 낫, 도끼, 다이너마이트,

아야꾸초 수크레 장군 동상

창과 쇠스랑 등 폭력의 상징들이 가리개로 눈이 가려진 채 놀
라 입을 벌린 사람 얼굴 모형을 향하는 장면이고 다른 한 면
은 사람의 해골 및 갈비뼈 모형들을 붙여 놓았고 다른 한 면의
제일 밑에는 그 뿌리 부분에 총, 사람의 손과 팔을 영양분으로
삼고 가지와 잎을 피운 어떤 식물이 있고 그 위에는 평화의 상
징인 비둘기 형상, 그 위에는 두 손을 굳게 맞잡은 악수의 형
상이 만들어져 있다. 설명하지 않아도 그 조각물이 무엇을 의
미하는지 짐작이 간다.

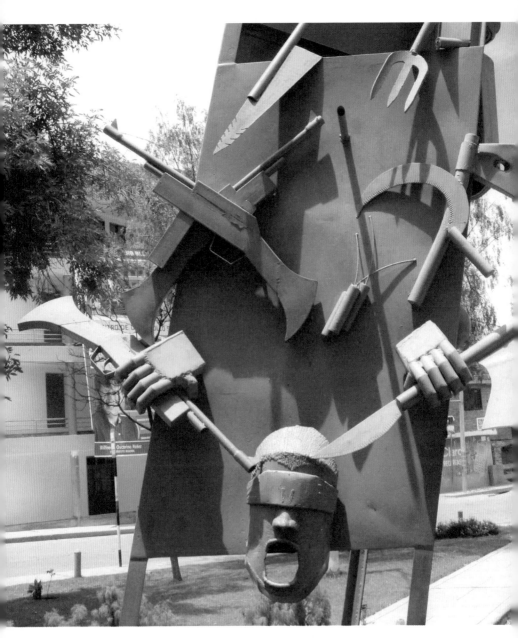

무장반란 추모공원 설치물

공원 바로 옆에 그 반란 사건의 개요와 사진들을 전시해 놓은 자그마한 2층 건물이 들어서 있다. 들어가 보니 그 반란 사건과 관계있는 많은 물품과 사진 그리고 설명을 전시해 놓았다. 좋은 시도라고 생각된다. 이념투쟁으로 일어난 사건은 항시 음과 양이 함께 존재한다. 그래서 어느 누가 정권을 잡아도 그늘과 상처가 생기기 마련이다. 이때 사건 그 자체를 그냥 묻어 두지 않고 사실 그대로 노출하여 이렇게 많은 대중에게 꾸준히 알리는 일을 하는 것이 상처를 치유하는 좋은 방법들 가운데 하나라고 생각된다. 햇볕에 늘어 말리면 눅눅해서 생기는 곰팡이가 없어지듯이 꾸준히 대중에게 노출하면 이념투쟁으로 생기기 쉬운 그늘은 사라지고 상처는 빨리 아물 것이다. 아야꾸초가 빨리 그 반란 사건의 그늘을 지우고 새로운 도시로 거듭나서 정복 초기의 명성을 되찾기를 빌어 본다.

우앙까벨리까

수은 광산의 도시

　싸늘한 공기를 머금은 버스는 캄캄한 어둠 속을 달린다. 우앙까벨리카는 해발 3,676m에 자리를 잡은 전형적인 안데스 고산 도시이다. 이 도시의 발전 역사는 초기 페루 식민지 역사와 그 궤적을 같이 하고 있다고 해도 과언이 아니다. 스페인 정복자들이 페루를 정복한 지 10여 년만인 1545년에 현 볼리비아(Peru Alto, 높은 페루) '포토시(Potosi)'에서 노천 은광 맥이 발견되고 1554년에 '파치오 공정(patio process)'이라고도 부르는 아말감법이 멕시코에서 은 추출법으로 개발되자 남미 특히 포토시의 은 광산은 활기를 띠게 되고 은 산출량도 증가하게 된다. 하지만 아말감법에 필수적인 수은을 신대륙에서 얻을 수가 없어 스페인 본토의 '알마덴(Almaden)'에서 수은을 공급받게 되는 번거롭고도 어려운 공정으로 은을 생산하고 있었다. 그러다가 1563

년에 이곳 우앙까벨리까에서 수은을 만드는 진사 원광석이 발견된 것이다.

제5대 부왕 '프란시스코 톨레도'는 수은 광산을 왕실의 소유로 만들고 1572년 이곳에다 도시를 세운다. 그리고 수은을 남미의 광산업자들에게 공급하고 그 사용량에 따라 왕실 세금을 부여하게 된다. 수은이 이곳에서 발견됨으로써 페루 안데스 사회는 획기적인 변화를 겪게 된다. 페루의 은 산출량이 5배로 증가하여 스페인 왕실의 든든한 자금줄 역할을 하게 되고 무적함대를 운영하는 등 스페인 왕국을 세계 제일의 강대국으로 만들이 번영을 누리게 하시만 안데스 원수민들의 삶은 더욱 피폐해져 갔다.

은 산출량이 늘어나는 만큼 포토시와 우앙까벨리까의 광산이 확대됨에 따라 부족하게 된 노동력을 충당하기 위해 '톨레도'는 광산을 중심으로 반경 223km 이내에 거주하는 안데스 원주민들에게 잉카 시대에 있었던 '미따(mita)'라는 의무 부역 제도를 부활시켜 적용한다. 미따란, 18세에서 50세에 이르는 사람들은 누구나 생애 중 1년 동안 잉카 왕을 위한 무임금 노동을 제공해야 하는 잉카제국의 제도를 말한다. 이때부터 안데스 원주민들은 미따를 피하려고 스페인 왕정의 행정력이 미치지 못하는 고지대나 오지로 숨어드는 피신 행각을 시작하게 된다. 부역에 동원된 원주민들은 열악한 광산 환경에 매몰 사고나 수은 중독으로 희생되기 일쑤였다. 가장 악명 높은 사고는 1786년에 발생한 '마로킨(Marroquin)' 광굴 사고였다. 그 사고로 200명이 넘는 원주민들이 한꺼번에 목숨을 잃었다. 그래서 안데스 원주민들에게 이곳 '싼타 바바라(Santa Babara)' 수은 광산은 '죽음의 광산'으로, '톨레도'는 가장 악랄한 부왕으로 알려지게 되었다. 스페인 왕정은 안데스 원주민들로 노동 충당이 어려워지자 아프리카에서 흑인 노예들을 들여오기 시작했고 1850년 미국 캘리포니아 광산에서 수은이 발견되기 전까지 신대륙에서 유일한 수은 광산으로 그 이름을 떨쳤다.

　버스는 막막한 어둠 속을 쉬지 않고 달린다. 주위 풍경은 볼 수 없으나 4,000m가 넘는 고개도 몇 개를 넘는 것 같다. 깜박 잠이 들었던가 보다. 차장이 우앙까벨리까에 도착했으니 내리라고 깨운다. 버스는 안나 선생과 나를 시외버스 터미널도 아닌 썰렁한 거리에 내려놓는다. 잠결에 엉거주춤 낯선 고원의 도시 속으로 떨어지고 말았다. 시계를 보니 새벽 3시다. 우앙까벨리까에서 우앙까요까지 가는 기차는 6시 30분에 출발한다고 했으니 3시간 반을 어딘가에서 기다려야 한다. 우리와 함께 내린 서너 명의 승객들은 빠른 걸음으로 사라지고 거리는 가로등 몇 개가 불을 밝히고 있을 뿐 문을 연 식당이나 카페가 없고 인적이 드물다. 싸늘한 고산의 새벽공기는 몸을 한껏 움츠리게 한다. 안나 선생도 당황스럽고 미안한지 버스가 정차한 곳에서 화물을 내리는 남자에게 기차역이 어디에 있는지를 묻는다. 4~5블록쯤 거리를 따라 내려가서 왼쪽 오르막길을 조금만 올라가면 기차역이지만 아직 시간이 일러 문을 열지 않았을지도 모른다고 한다. 자기도 짐 정리가 끝나면 불을 끄고 들어가야 하니 그곳에서도 마냥 기다릴 수 없단다. 하는 수 없이 불안한 마음을 진정시키며 기차역을 향해 거리를 따라 내려간다.

얼마간 내려오니 자그마한 광장이 나오고 광장 한쪽 면에 환하게 불이 켜진 곳이 보인다. 가까이 가서 보니 경찰서다. 내심 다행으로 여기며 보초를 서고 있는 순경에게 사정 이야기를 서툰 스페인어로 말하니 들어가는 것을 허락한다. 경찰서라고 해도 우리나라 파출소보다도 시설이 열악하다. 복도에 짐을 내려놓고 바깥 한기만 겨우 피하지만 동절기 해발 3,700m 고산 새벽 냉기는 상상을 초월할 정도로 몸속으로 파고든다. 이윽고 희붐한 여린 기운이 짙은 어둠 속에 점차 희석되더니 고산 도시의 아침이 서서히 밝아온다. 거리에 가장 먼저 불을 밝히는 사람들은 거리 좌판 음식 장수들이다. 광장 한쪽 면에 좌판을 차리고 가스 불로 물을 끓인다. 노란 백열등 불빛 아래 모락모락 올라오는 하얀 김을 보니 한결 마음이 따스해진다. 뜨끈뜨끈한 끼누아 죽 한 그릇으로 허한 배를 채우니 살 것만 같다. 왜 안데스의 산간 도시에는 이른 아침 좌판

싼타 바바라 광산촌, 광산

음식 장수가 그렇게 많고 사람들이 단골 메뉴로 왜 끼누아 죽을 선호하는지 이제야 이해가 된다.

좌판 음식 장수 아줌마가 일러주는 골목으로 오르막길을 올라가니 백열등 불을 밝혔지만 어두컴컴한 기차역이 나온다. 수도 리마의 외항 '까야오(Callao)'에서 안데스 내부 깊숙한 지역인 이곳까지 뻗은 650km 철길의 종착역이라 내심 기차역이 클 것이라 짐작했는데 우리나라 간이역보다 조금 더 큰 초라하고도 낡은 역사 건물이라 다소 놀랐다. 조그만 대합실에는 원주민 승객으로 보이는 사람들 몇 명이 웅크리고 앉아서 표 팔기를 기다리고 있는 것 같다. 한참을 기다려 6시 30분이다 되어서야 매표창구 문이 열린다. 열차 등급에는 1등 칸과 뷔페 칸 2종류가 있는데 뷔페 칸이 더 고급이란다. 그래서 각 13sol씩 주고 뷔페 칸 표를 두 장 샀다. 희붐한 어둠 속 싸늘한 철길 위에 정차하고 있는 열차에 오른다. 뷔페 칸이라 기대했었는데 역시나 우리나라 3등 칸보다 더 낡은 열차다. 고산 도시의 아침은 느리게 다가온다. 7시가 다 되어서 밝아오는 여명 속으로 열차가 출발한다.

안데스 산악 열차 여행

우앙까벨리까(3,767m)와 우앙까요(3,271m)를 잇는 이 안데스 산악 열차는 가장 낮은 부분이 해발 2,819m이고 대부분 해발 3,000m가 넘는 고산지역을 통과한다. 평균 고도가 4,000m 이상이라서 '하늘의 길'이라는 별명이 붙은 중국의 '칭짱' 열차 다음으로 세계에서 가장 높은 곳을 달리는 열차라고 한다. 1910년에 공사가 시작되었으나 세계 제1차 대전의 여파로 1926년에 처음 운행을 시작했다고 한다. 별명이 '마초' 열차 (el Tren Macho, 터프한 열차)'로 널리 알려진 이 노선은 "원할 때 출발하고 도착할 수 있을 때 도착한다"라는 유명한 수식어가 붙을 만큼 운행 시간이 일정치가 않았다고 한다. 2010년부터 협궤철도를 표준궤간 철도로 바꾼 뒤 사정이 다소 개선되었다고 하나 고원 산악 지형의 특성상 잦은 철로의 자연 훼손으로 운행 정지될 때가 많다고 한다. 단선이어서 하루에 오전 오후 두 번밖에 운행하지 않는다고 하는데 월, 수, 금, 일요일에는 우앙까요에서 그리고 화, 목, 토요일에는 우앙까벨리까에서 오전 6시 30분에 출발해서 돌아온다고 한다. 거리가 128.7km이지만 운행 시간은 5~6시간 걸린다고 하니 1960년대 우리나라 완행열차처럼 소요되는 운행 시간이 중요치 않고 운행 가능 여부에 더 많은 관심이 쏠리는 철도인 것 같다. 암튼 오늘은 기차가 제대로 운행되기를 빌며 안데스 산악 열차 여행을 시작한다.

밝아오는 아침 여명 속으로 기차는 기석을 울리며 줄발한다. 이른 새벽 희뿌연 안개 속에서 보는 우앙까벨리까는 그야말로 전형적인 고산 도시의 쓸쓸한 모습이다. 양옆으로 높은 바위산이 만드는 좁은 계곡을 따라 길게 들어찬 거리의 집들이 모두가 낡아 허름하다. 오래 살펴보지 않아도 페루에서 가장 가난하고 낙후된 도시 중의 하나라는 것을 단번에 알 수 있는 모습이다. 지나치는 민가 옥상에 미처 걷지 못해 널린 채로 새벽을 맞이하는 빨래가 마치 가난을 널어놓은 듯하여 마음에 무거운 서글픔을 안긴다. 덜커덩거리며 기차가 시가지를 벗어나자 '씨타크(Sitaq 5,304m)' 산에서 발원하여 우앙까벨리까를 관통하여 흐르는 이츄(Ichu) 개울과 만나더니 개울 오른쪽으로 물을 따라 기차는 간다. 해발 3,700m 안데스산맥 깊숙한 곳이라 개울물이 흐르는 계곡 풍경도 특이하다. 높은 나무 하나 보이지 않는 민둥한 능선이 계곡까지 내려오고 개울가에는 고산의 풀인 이츄와 작은 관목만이 드문드문 보인다. 왜 이 개울의 이름이 이츄인가를 짐작할 수 있는 풍경이다. 꼭대기가 어디쯤인지 가늠할 수 없는 산자락의 경사가 상상을 초월한다.

개울을 따라 굽이굽이 몇 개의 터널도 지나고 이윽고 '야울리(Yauli)'라고 하는 첫 번째 역에 도달한다. 예상보다도 많은 사람이 승차한다. 이 역이 차가 다닐 수 없는 산간 오지마을들의 교통중심 역할을 하는 역인 것 같다. 안데스 전통 복장의 여성들이 '만따(manta, 어깨에 둘러메는 사각으로 된 보자기)'에 농작물을 가득 담아 어깨에 메기도 하고 또 머리에 이기도 하고 열차에 올라탄다. 아마도 대도시인 우앙까요 시장에 내다팔기 위해 가는 것 같다. 1971년 대학생 시절 고향 김천에서 대구까지 경부선 열차 통학하던 그 시절이 회상된다. '왜관'을 지나면 아주머니들이 고무 '방티(큰 대야의 경상도 사투리)'에 푸성귀와 농작물을 가득 담아 머리에 이고 대구 칠성시장에 내다팔기 위해 새벽 통근열차를 타야만 했던 어려웠던 그 시절이 떠오른다.

기적을 울리며 열차는 다시 출발한다. 얼마 가지 않아 기차역도 아닌데 열차가 멈추고 한 무리의 사람들이 탑승한다. 마치 시골 완행버스와 같다. 물어보니 이 노선은 7개의 기차역뿐만 아니라 19개의 정차 장소가 있다고 한다. 교통편이 없는 산골 오지에 흩어져 사는 사람들을 위해 군데군데 정차 장소를 만들었다고 한다. 고도가 조금 내려왔는지 이제는 개울가에 높은 유칼립투스 나무들이 군데군데 숲을 이루며 서 있는 풍경이 눈에 들어온다. 이츄 개울은 몇 개의 지류를 받아들여서 수량이 많이 불어나 시내의 모습을 갖추었다. 푸른 하늘을 차곡차곡 담아 오묘하게 깊어진 계곡을 따라 에메랄드빛 맑은 시냇물은 검은 바위 사이 사이로 하얀 포말을 만들며 힘차게 흘러간다. 따스한 고원의 아침 햇살이 차창으로 스며들어 더없이 평화롭고도 온화한 분위기를 만든다.

열차가 다시 서고 와자지껄 또 많은 사람이 탑승한다. 두 번째 역인 '아꼬리아(Acoria)' 역이라고 한다. 이제는 열차가 만원이라 복도에도 사람들이 들어찼다. 아직 지나야 할 역이 3개나 남았는데 벌써 만원이라니 다소 걱정이 된다. 아침 식사 시간이 가까워졌는지 음식 행상들이 꽉 들어찬 복도를 이리저리 잘도 다니며 장사를 한다. 뷔페 칸이라 열차에서 조리하여 파는 음식도 있으나 모두가 닭고기 음식이다. 아침 식사로 닭고기가 너무 부담스러워 '초클로(choclo, 삶은 옥수수)'와 '빵 꽁 깔라바싸(pan con calabaza, 호박잼을 넣은 빵)'를 사서 '잉카 콜라(inca cola, 페루 탄산음료)'를 곁들여 먹었다.

70년대 우리나라 3등 완행열차와 마찬가지로 시끄럽기는 매한가지다. 가난한 서민들의 일상 모습이 투박하고 소란스럽다는 점은 국경을 초월하는 일반적인 모습인 것 같다. 하지만 귀를 기울여 들어봐도 알아들을 수 있는 말이 하나도 없다. 가만히 들어보니 스페인어가 아니고 잉카의 언어인 케추아어로 말하고 있었다. 아직도 안데스 원주민 사회에서는 케추아어가 더 많이 사용되고 있는 것 같다. 내가 사는 코스타 지역의 모케과에서는 스페인어만을 사용하기에 케추아어는 옛날 잉카 제국에서 사용했으나 지금은 사용하지 않는 언어라고 생각했었는데 지금 보니 역사 속에만 존재하는 죽은 언어가 아니고 현재까지 생생하게 살아 있는 언어라는 것을 실제로 경험하여 알게 된다.

이윽고 마지막 통과역인 '떼예리아(M. Telleria)' 역에 도착한다. 멀리 강에 합류하는 또 다른 개울이 보이나 마을은 보이지 않는다. 여기는 마을이 형성되어 있지 않은 것 같다. 창고로 보이는 몇 개의 건물만 철로 변에 있을 뿐 역사도 보이지 않고 마을도 보이지 않는다. 그러나 철로 변에는 짐을 가진 수십 명이 기차를 기다리고 있다. 다른 역 풍경과 달리 주변 비탈에 많은 노새가 말뚝에 메어 있는 것으로 보아 역 주변에는 마을이 없으나 멀리 상당히 큰 마을이 있는가 보다. 그곳에서 여기까지 짐을 운반하는 노새들인 것 같다.

상류로 올라갈수록 물의 색으로 보아 물이 맑지 않은 것 같

안데스 산악 열차

다. 아무래도 상류에 우앙까요라는 대도시가 자리하고 있고 아직도 도시의 오폐수 처리를 제대로 하지 않아 모두가 강으로 흘러들어 와 물 색깔이 탁해지는 것이 아닌가 생각된다. 물은 맑지 않으나 하늘은 무척 맑다. 푸른 하늘 아래 따스한 고원의 햇볕이 쏟아지는 웅숭깊은 계곡과 바위 절벽의 경치는 보면 볼수록 감탄을 자아내게 한다. 주위 풍경에 매료되어 한참을 가다가 터널을 하나 지나니 갑자기 계곡이 점점 넓어진다. 상류로 올라갈수록 강의 유역이 더 넓게 전개되고 주변에

우앙까벨리까 기차역

집들도 더 많아지고 강변에 유칼립투스 숲들도 점점 더 많아
진다. 우앙까요 도시의 외곽에 들어선 것 같다. 강으로 유입되
는 개울의 철교를 하나 지나자 도시의 모습이 전개된다. 마침
내 마지막 종착역인 '칠카(Chilca)' 역에 도착한다.

처음 경험하는 안데스 산악 열차 여행은 신선한 경험이었
다. 웅장한 계곡, 맑은 물, 푸른 하늘과 그곳에서 사는 안데스
원주민들의 순진하고도 가난한 삶의 모습들은 두고두고 잊지
못할 내 인생의 추억이 될 것이다.

우앙카요

안데스 중부의 대도시

  우앙까요는 생각보다 큰 도시인 것 같다. 대도시의 느낌이
난다. 택시도 모토 택시가 아닌 승용차 택시가 더 많이 보인
다. 택시를 타고 아르마스 광장으로 간다. 페루의 낯선 도시에
서 아무런 여행 정보가 없을 때 적당한 숙박소를 찾기 위해선
아르마스 광장을 이용하면 대부분 실패가 없다. 스페인 사람
이 세운 도시는 어느 도시이건 아르마스 광장이 있다. 그리고
그 광장 주변에는 여러 종류의 편의 시설과 숙박소가 몰려있
기 마련이다. 우앙까요 아르마스 광장은 무슨 대공사를 하는
지 사방을 합판으로 막아 놓아 그 안을 볼 수가 없었다.

  이 광장은 헌법 광장으로 더 유명하다. 근대 민주주의의 초
석을 놓았던 의회주의에 기초한 입헌 군주제를 표방한 스페인
의 첫 번째 헌법인 '카디즈 헌법(Spanish Constitution of 1812)'을 1813

년에 남미에서 처음으로 공포한 광장이라고 한다. 또한 1854 년 남미에서 노예제도의 철폐를 처음 공포한 곳으로 그것을 기념하는 조각상이 설치되어 더 유명한 광장이기도 하다. 남미에서 민주적인 사회 변혁을 주도한 유명한 광장이지만 사방을 막아 놓고 공사 진행 중이라 보지 못하는 것이 아쉽다. 광장 인근의 '로저 호텔(Hotel Pogger)'에 짐을 푸니 '칠카' 역에서 헤어졌던 안나 선생이 전화가 왔다. 이곳에서 근무하는 코이카 봉사단원 '이 선생'의 집에 이틀 먼저 도착한 '조 선생'과 함께 있으니 식사를 함께 먹자고 한다. 고마운 일이다.

이 선생의 숙소는 대도시답게 지방에서는 보기 드문 아파트 8층이다. 조 선생이 한국 음식을 차려 준다. 오래간만에 먹는 한국 음식 특히 김치의 맛은 3,000m가 넘는 안데스 고원을 어렵사리 여행한 그동안의 피로를 한꺼번에 씻어 주는 것만 같다. 우리 때문에 일부러 일찍 퇴근한 이 선생이 시내도 둘러보고 내일 투어 예약도 할 겸 인근 시 외곽에 아주 훌륭한 구경거리가 있다며 나가자고 한다. 우앙까요 시내는 많은 사람으로 붐비고 활기찬 모습이 과연 페루에서 다섯 번째로 큰 도시라는 게 실감이 난다. 모타 택시 두 대에 나눠 타고 이 선생의 안내로 시 외곽에 자리 잡은 '또레 또레(Torre Torre)'를 구경하러 간다. 차에서 내려 산비탈을 얼마간 올라가니 놀랄만한 경관이 나온다. '또레(Torre)'는 스페인어로 '탑'을 의미하는데 왜 그런 이름으로 불리게 되었는지 이해가 간다. 황토 언덕이 오랜 세월 동안 침식되어 아주 출중한 경관을 형성해 놓았다. 들어가는 계곡 아랫부분에 서 있는 그리스 신전의 돌기둥처럼 생긴 지름 2~3m, 높이 20m 정도의 흙기둥 2개가 가장 인상 깊다. 이렇게 높은 기둥이 형성될 때까지 주위의 모든 흙은 씻겨나가 허공의 바람으로 남았는데 무너지지 않고 돌처럼 굳건하게 버텨 온 그 기개가 놀랄 만하다. 수많은 세월을 이긴 위엄있는 모습이 푸른 하늘 아래 당당하게 보인다. 계곡 상부로 올라갈수록 수십 개의 딱딱한 황토 돌출 모양들이 숲을 이룬 듯 밀집되어 나타난다. 하늘을 이고 있는 좁은 머리 부분에는 안데스의 야생화가 자라는 것도 있고 붉은 황토 속에 자갈들이 박혀 있는 모습도 보이고 약한 곳은 맞구멍이 뚫려 마치 수석의 '투'를 보는 듯 괴기한 모습도 보인다. 높고 낮은 돌출 모양들 사이사이로 오솔길이 나 있어 페루 젊은이들이 날렵하게 누비며 감상에 여념이 없다. 나는 얼마간 그들을 따라 들어가다가 포기하고 말았다. 아직 관광지로 개발이 되지 않아 관람로에는 추락을 방지하는 난간이 없어 자칫 실수하면 수십 길 낭떠러지로 떨어질 위험이 많았기 때문이다. 내 나이도 나이인지라 젊은이들이 간다고 마냥 따라갈 수 없었다. 그저 멀리서 감상하는 것으로 만족해야 했다.

'또레 또레' 관람을 마치고 앞으로 2일 동안 여기서 할 수 있는 투어를 예약하러 아르마스 광장 근처로 갔다. 투어는 이 선생이 이곳에서 경험해 본 투어 중 가장 인상 깊었다고 추천하는 우앙까야 계곡으로 결정했다. 모레는 이 선생도 풍문으로 잘 알고 있으나 아직 경험해 보지 않은 '셀바' 투어를 함께 가기로 하고 여행사에서 투어를 예약했다.

아르마스 광장은 합판으로 막아 놓았으나 인구 40만의 대도시답게 주변 거리는 사람들로 붐빈다. 원래 우앙까요는 1570년에 부왕 '톨레도'가 안데스 원주민을 노예처럼 부리고 그들로부터 만따로 계곡의 농작물을 공물로 받기 위하여 여기에다 '엔꼬미엔도(encomiendo, 스페인 왕으로부터 허가받은 정복자가 담당 지역의 원주민들에게 안전과 가톨릭 개종 및 교육을 제공하고 원주민들은 노동과 공물을 바쳐야 하는 스페인식 식민지 경영 제도)'를 시행하는 중심 마을로 지정하는 것에서부터 시작되었다. 식민지 시대와 해방 후에는 농작물의 집산지로 그 역할을 다하다가 1930년대 초 수도 리마와 철도가 연결됨으로써 페루 중부 안데스 고원의 상업 중심지로 급격한 성장을 하게 된다. 그리고 1981년부터 2007년까지 인구가 급격히 불어나게 되는데 그런 현상이 일어난 가장 큰 이유는 아야꾸초에서 1980년에 쌘데로 루미노소 조직이 감옥을 폭파함으로써 일으킨 무장 반란 사건의 공이 컸다고 할 수 있다. 그 후 정부의 지지부진한 초기대응으로 20년 동안 끌어온 무장 반란에 위협을 느낀 수많은 그쪽

우앙까요 또레 또레

지방의 안데스 원주민들이 평화롭고도 살기 편리한 우앙까요 도시로 몰려든 것이 바로 그 이유라고 할 수 있다.

이 선생이 손수 저녁 식사를 집에서 마련하여 초대하고 싶다고 한다. 오래간만에 이역만리 타국 땅에서 만나는 동포들인데 한국 음식이라도 나누어 먹으며 조촐한 파티라도 열어야 한단다. 이 선생의 따뜻한 마음 쓰임이 가슴에 와닿는다. 이 선생의 아파트에서 숙소 신세를 지게 되는 안나 선생과 조 선생이 대형 상점에서 저녁 장을 보는 등 한국 여인들 특유의 호들갑이 동족이라는 살가운 정인 듯 여겨져 왠지 싫지 않았다. 나는 호텔에서 잠시 눈을 좀 붙이나가 7시에 이 선생의 십으로 갔다. 한국 음식이라야 김치, 숙주나물 무침, 마늘 양파 장아찌, 감자 돼지고기 튀김과 생선 매운탕이 전부였지만 그 어느 때보다도 성대한 잔칫상을 받는 기분이 들었다. 특히 이 선생이 손수 끓인 생선 매운탕은 얼큰한 게 내 입맛에 딱 맞아 '피스코(pisco, 포도로 만드는 40도 페루 전통주)' 한잔을 곁들이지 않을 수 없었다. 한국 음식을 먹으며 한국 사람들과 한국어로 실컷 이야기를 나누고 나니 그동안의 여독이 철모르는 오뉴월 서리처럼 녹는다.

안데스의 에메랄드 우앙까야 계곡

아침 6시에 아르마스 광장 근처에서 우앙까야 계곡을 향해 투어를 떠난다. 우앙까야 계곡은 꽤 유명한 관광지인지 투어 미니버스 승객의 대다수가 백인들인 것 같다. 수도 리마에서 주말을 보낼 수 있는 대단히 인기 있는 관광지 중 하나라고 가이드가 영어로 설명하는 것 같은데 영어가 능숙지 못하나 노력하는 모습이 마음에 든다.

버스는 도시의 서쪽으로 난 큰 도로를 가다가 서쪽 작은 계곡을 따라 산길로 올라간다. 얼마를 올라왔을 때 잠시 쉬어 간다고 차를 세운다. 내려서 보니 자그마한 호수가 있다. 해발 3,500m가 넘는 고산이기에 나무는 없고 이끼 종류의 짧은 풀들로 덮인 산과 구릉들이 마치 체조복을 입은 체조선수의 몸매처럼 적나라하게 펼쳐진다. 호수의 이름을 물어보니 '까사

베할(Casavejal)' 호수라고 하는데 맞은편 암산의 출중한 모습을 호수 면에 그대로 그림자로 비추고 있어 마치 데칼코마니 미술작품을 보는 것처럼 매우 인상적이었다.

해발 4,000m의 고개 정상을 지났는지 차가 이제는 계곡을 따라 내려간다. 계곡은 점점 더 깊어지고 물도 흰 물거품이 더 많아지는 걸 보니 더 급류로 흐르는 것 같다. 길옆 작은 마을을 지나고 조금 가니 공사 중이라 잠시 차를 세운다. 잠시 내려 주위를 살피니 계곡이 상당히 좁다. 앞에는 제법 큰 마을이 있고 그 마을로 들어가는 진입로 확장 공사를 하는 것처럼 보인다. '우앙까치(Huancachi)' 마을이라고 한다. 그 마을을 지나고 다시 작은 계류가 합류하는 지점의 마을인 '또마스(Tomas)' 마을을 지나니 놀랄 만한 풍광 속으로 도로가 나 있다. 깎아지른 절벽이 거의 붙을 정도로 서로 맞닿아 터널처럼 생긴 곳으로 물이 흘러 들어가고 그 개울 옆으로 도로가 나 있다. '우츠코(Uchco)' 협곡이라고 한다. 협곡 속에 들어와 차에서 내려 위를 올려다보니 두 검은 직벽이 까마득한 높이로 마주하고 있다. 놀랄 만한 것은 그사이 간격이 2~3m밖에 되지 않는다는 것이다. 그리고 개울 건너 쪽 절벽의 면은 수만 년 동안 수마로 반들반들하게 닳아 있는 반면에 도로 쪽 절벽의 면은 도로공사 폭파로 매우 거칠다. 협곡의 길이가 상당하다. 작은 터널과 다리를 지나니 좁디좁은 협곡은 끝이 난다. 하지만 계곡 양옆 절벽까지의 거리가 50m가 채 되지 않은 듯 상당히 좁은 계곡으로 급류가 힘차게 흘러간다.

협곡을 따라 내려온 물은 '띵코 알리스(Tinco Alis)' 마을에서 우앙까야 계곡에서 내려오는 '까네떼(Cañete)' 강과 합류하고 도로도 이제는 강을 거슬러 상류로 올라간다. 가이드에게 물으니 우앙까야 계곡의 까네떼강은 우앙까요 시내를 관통하여 흐르는 '만따로'강과 달리 대서양으로 흘러가는 아마존강의 지류가 아니고 태평양으로 흘러 들어가는 강이라고 한다. 그래서 더 깊은 계곡을 만드는가 보다. 대수롭지 않게 조금 전 4,000m 고개를 넘어왔는데 알고 보니 엄청난 의미가 숨어 있는 고개인 것 같다. 고개 정상에 떨어지는 빗방울은 지붕 위 용마루에 떨어지는 빗방울처럼 그 운명이 갈린다. 10cm만 우측에 떨어지면 아마존강을 타고 약 7,000km 떨어진 대서양으로 흘러가고 반대로 10cm만 좌측으로 떨어지면 급류를 타고 지척의 태평양으로 흘러가는 분수령을 이제 방금 넘어왔다고 생각하니 자연이 주는 의미심장함에 다시 한번 숙연함을 느낀다.

좁은 계곡으로 힘찬 물줄기가 흘러내리는 까네따강을 거슬러 상류로 올라간다. 한참을 오르니 검은 절벽으로 둘러싸인 '삐께꼬차(Piquecocha)' 호수가 나온다. 여기서 보트 놀이를 하고 가자고 한다. 조그만 보트에 나누어 타고 검은 절벽으로 둘러싸인 물 맑은 호수에서 푸른 하늘의 태양을 바라보며 노를 젓는 보트 놀이는 새로운 경험이었다. 안데스 고산 특유의 해맑은 햇볕이 따사로이 쏟아지는 호수 한가운데에서 수면을 스치는 산뜻한 바람, 구름 한 점 없는 푸른 하늘, 상상을 초월하는 각도로 나를 둘러싸고 있는 검은 절벽은 그저 바라본다는 것만으로 가슴이 뛴다. 일찍이 상상 속에서도 한번 해 본 적이 없는 그런 경험이었다. 그저 시간이 멈추기를 바랄 뿐 다른 그 무엇을 또 바랄 것이요.

강 건너 둔치에 송어 양식장이 보이더니 길은 이제 계곡물과 헤어져 고도를 높여 위로 올라간다. 발아래로 수많은 계단식 농지가 계곡 바닥까지 이어져 있는 산등성이까지 올라오니 작은 마을 하나가 나온다. '비티스(Vitis)' 마을이라고 한다. 무슨 축제가 있는 듯 알록달록한 안데스 전통 복장을 차려입은 여인들이 좁은 골목에 가득하다. 차는 그 마을을 우회하여 지나치더니 길은 이제 다시 계곡까지 아래로 내려간다. 계곡을 따라 조금 가니 계곡 바로 옆에 자리한 비교적 큰 마을이 나온다. 이 지방의 중심 마을로 이 계곡의 이름을 따서 지은 '우앙까야(Huancaya)' 마을이라고 한다. 그 마을도 지나고 계곡을 다리로 건너 이제는 계곡의 오른쪽으로 간다. 여기서부터 우앙까야 계곡의 가장 절경이 시작된다는 가이드의 안내가 있었다. 차는 푸른 옥색 물빛과 계류가 만드는 하얀 포말로 뒤덮인 계곡을 따라가다가 갑자기 지그재그의 길로 산을 오른다. 중간쯤 올라오니 전망대여서 잠시 쉬었다가 간다고 내리라고 한다. 나무 표지판에 '까르와이노 전망대(Carhuayno Mirador)'라고 적혀 있다. 잠시 내려서 아래 펼쳐지는 놀랄 만한 계곡의 풍경을 감상한다. 발아래 파노라마처럼 펼쳐지는 좁은 계곡이 마치 크고 작은 녹색 에메랄드 보석들을 하얀 은실로 엮어 만든 줄에 꿰어 늘어뜨려 놓은 것만 같은 찬란한 모습이다. 맑은 물이 흘러내려 만드는 소(沼)는 깊이를 알 수 없는 녹색으로 에메랄드 보석 같고 그 소를 넘쳐 암반 위로 흘러내리는 하얀 물거품과 물방울은 고원의 맑은 햇볕에 반사하여 은사 줄처럼 눈이 부신 모습이다. 구름 한 점 없는 파란 하늘 아래 삐죽삐죽 높이 솟은 회백색 암산 봉우리들이 이곳이 안데스의 깊숙한 골짜기임을 다시 한번 일깨워 준다. 당나라의 음유시인 이백이 '별유천지비인간(別有天地非人間)'이라고 표현한 그 느낌을 알 것만 같다.

차는 다시 산을 오른다. 가파른 산길을 오르다가 산모퉁이를 하나 돌아 오르니 눈앞이 확 트이며 펼쳐지는 장관에 입이 떡 벌어진다. 발아래 저 멀리 에메랄드색 '와르와(Huallhua)' 호수가 하트모양으로 주변 암회색 산등성이와 대비되어 영롱하게 펼쳐진다. 호수 면에는 햇볕에 반사되는 윤슬만 반짝거릴 뿐 태고의 신비를 그대로 담은 듯 그 끝을 알 수 없는 고요가

꾸추빠스까 호수에서 와르와 호수로 흘러내리는 폭포

우앙까야 계곡

처연히 깃들고 있다. 사람들은 누구나 조용한 시간에 홀로 앉아 고요함에 젖어 들 때는 이미 경험한 자연 풍경의 고요함을 머릿속에 떠올리며 도움을 받게 될 터인데 나는 그럴 때 왠지 이 호수가 머릿속에 떠오를 것만 같다. 호수의 상류 끝에는 그 위 '꾸추빠스까(Cuchupasca)' 호수에서 쏟아지는 폭포의 흰 포말이 아련히 보인다.

차에서 내려 가이드가 우앙까야 계곡에 관한 개략적인 설명을 한다. '꼴께뿌꾸로(5,658m) 산' 정상 만년설에서부터 시작하는 우앙까야 계곡물은 가장 상류에 위치된 '빌카(Vilca)' 마을부터 자연적으로 조성된 여러 개의 댐에 호수로 고였다가 낙차 큰 폭포로 떨어지기를 여러 번 반복하여 저 멀리 보이는 꾸추빠스까 호수까지 내려온다. 그리고 여기 와르와 호수로 떨어져 내리고 이 호수에서 흘러넘친 물은 여러 개의 천연 소를 만들며 계류로 흘러 우앙까야 계곡에서 가장 출중한 경관을 만든다는 설명이다. 다른 계곡과의 차이점은 상류에 아주 작은 빌카 마을 외에는 마을이 없고 수많은 소와 호수에 고였다가 자연적으로 흘러넘치기에 물이 상당히 맑다는 것과 계곡 바닥 암반에 난 많은 구멍이 물의 흐름에 장애를 주어 흘러내리는 계류가 좀 더 하얗게 보인다고 한다.

가이드가 '바닥으로 내려가서 계곡을 따라가면서 계곡의 신비스러움을 가까이에서 체험해 보자'고 한다. 가파르게 나 있는 지그재그의 길을 걸어 내려오니 와르와 호수에서 흘러넘친 물이 첫 번째로 고이는 커다란 소가 나온다. 계곡 옆 절벽에는 이름 모를 안데스의 야생화가 피어 있고 깊이를 알 수 없는 물색은 맑은 하늘을 담아 오묘한 푸른색으로 빛난다. 계류로 흘러넘치는 물은 하얗게 부서져 마치 눈이라도 내린 듯 눈이 부시다. 이 지점이 계곡의 물흐름 중 가장 고도 차이가 큰 지점인 듯 여러 차례 넘쳐흘렀다가 고이고 또 떨어져 내리기를 반복하며 수없이 많은 아름다운 작은 폭포와 계류를 만들며 물은 흘러간다. 2km 정도 계곡을 따라 내려오니 경사가 완만해졌는지 물도 서서히 흐르고 계곡 옆에 거대한 유칼립투스 나무들이 자라고 있다. 마을 가까이 내려오니 돌 유적이 나온다. 잉카의 다리라고 가이드가 설명하고 있으나 식민지 시대에 만든 것으로 짐작되는 아치형 돌다리를 건너 강변 유적들을 둘러본다. '잉카인들은 돌을 다루는 솜씨가 정교하여 놀랄 정도지만 아치형 석문이나 돌다리 그리고 바퀴를 만들지 못했다'라고 한 어느 역사가의 글이 생각났기 때문이다.

우앙까야 마을 식당에서 점심을 먹는다. 조그만 마을인데도 식당에 사람들로 붐비는 걸 보니 관광지라는 게 실감이 난다. 민물송어의 고장이라 송어로 된 요리들이 많은 것 같다. 쎄비체는 우리나라 생선회와 비슷한 페루 토속 요리인데 날생선의 살을 레몬이나 라임즙에 양파와 함께 절여 놓았다가 삶은 옥수수나 감자와 함께 먹는 요리이다. 생선의 신선도와 생선 살의 단단한 정도가 맛을 좌우하는 요리이기에 바다 생선 쎄비체는 즐겨 먹었으나 민물송어는 쎄비체로 먹기에는 왠지 꺼림칙하여 잘 먹지 않았었다. 하지만 오늘 이곳 계곡을 보니 송어 쎄비체도 괜찮을 것 같아 송어 쎄비체를 주문했다. 역시 내 판단이 옳은 것 같았다. 급류에서 자란 송어들이라 살이 야물고 호수에서 자란 송어들과 달리 흙냄새가 나지 않아 아주 맛있었다.

안데스 고원에서 떠나는 밀림 투어

예약했던 '셀바(selva, 밀림)' 투어를 떠나는 날이다. 페루의 식생은 안데스산맥을 기준으로 크게 '코스타(costa)', '씨에라(siera)', '셀바(selva)' 이렇게 세 지역으로 나누어진다. '코스타'는 서부 태평양 해안에서 안데스산맥 중턱인 해발 2,500m까지의 건조 지역을 말하고 '씨에라'는 해발 2,500m 이상의 안데스 고원지대를 '셀바'는 안데스산맥 동쪽 아마존강 지류의 밀림 지역을 말한다. 투어 버스는 우앙까요 시가지를 벗어나 서북쪽으로 진행하여 만따로 계곡지역의 유일한 공항이 있는 해발 3,360m의 '하우하(Jauja)' 시를 지나치더니 고도를 급격하게 올라간다. 해발 4,500m 고개를 정점으로 다시 급격히 내려간다. 얼마 가지 않아 시골 지역에서는 비교적 큰 도시인 해발 3,050m의 '따르마(Tarma)' 시에 도착한다. 따르마 시는 안데스 동쪽 고원지대에 속하나 4계절 기온이 온화하고 아마존 밀림 지역에서 올라오는 습기로 인해 적당한 비까지 내려 사람들이 생활하기에 대단히 안락한 곳이기에 식민지 시대부터 '안데스의 진주(perla de Andes)'로 불릴 정도로 휴양의 도시로 널리 알려져 있었다. 하지만 요즈음엔 4계절 온화한 기후를 활용하여 화훼농가들이 많은 꽃을 생산하기에 '꽃의 수도(capital de flores)'로 알려져 있고 특히 부활 주일에 만드는 '꽃 카펫(alfombras flores, 남미 가톨릭교회에서 행하는 부활절 행사 중의 하나로 예수 십자가상을 가마로 둘러맨 사람들이 밟고 지나가도록 길바닥에 꽃잎으로 만든 카펫)'은 아름답고도 화려하기로 세계적으로 유명한 도시라는 자부심이 있다고도 한다.

비교적 깨끗하고도 반듯하게 잘 정돈된 '따르마' 거리를 지나 동쪽으로 조금 가니 해발 2,940m의 '아꼬밤바' 마을에 도착한다. 이곳에는 아주 유명한 기적의 교회가 있다고 한다. 마을 동쪽 외곽 '샬라코토(Shalacoto)' 산 아래 암벽 지형을 이용한 현대식 건물의 교회가 나오는데 이 교회에 있는 예수의 십자가 형상은 돌림병을 치유하는 기적을 행하는 것으로 유명하다고 한다. 이름은 '무루와이의 주님(Lord de Muruhuay)'으로 '무루'는 천연두를 '와이'는 집을 의미하는 이 지방 토속어라고 한다. 1827년에 정부에서도 포기한 천연두 환자들이 이곳 바위에 새겨진 십자가에 경배하며 기도를 드리니 십자가에 못 박힌 예수가 발현하여 그들의 병을 낮게 해주었다고 한다. 암반에 십자가가 뚜렷이 새겨진 현상도 기적이고 예수가 나타나 천연두 환자들을 치유한 현상도 기적이라고 주민들은 말하고 있으나 그것을 부정하는 사람들도 많다고 한다. 1824년 8월 6일 페루 독립전쟁의 최초 전투가 인근 '후닌(Junin)'에서 벌어졌는데 그 전투에서 독립군에 패전한 왕정의 군인들이 다음 전투의 승리를 기원하기 위해 칼로 바위에다 십자가를 새기고 기도했다는 이야기도 있다고 하니 독립전쟁 당시 민심을 얻기 위한 왕군파와 독립군파 사이의 치열했던 전략적인 대립이 이런 기적을 탄생하게 한 것은 아닌가 생각된다. 아무튼 지금은 치유의 십자가상으로 널리 알려져 있고 이곳 예술가들이 만든 '최후의 만찬' 장면과 '예수의 고난 14처' 장면을 표현하는 '따페스트리(tapestry, 여러 가지 색실로 짜 넣은 직물로 된 미술작품)'의 예술성이 뛰어나 외국에서 순례를 올 정도로 유명하다고 한다. 그리고 매년 5월 1일부터 3일간 '무루와이의 주님'을 위한 축제를 여는데 안데스 전통 복장을 차려입은 남녀가 함께 추는 '총기나다(chonguinada)' 춤은 안데스 전통춤으로 페루 정부가 인정하여 2017년에 그 축제를 국가 문화유산으로 지정했다고 한다.

다시 버스가 출발하고 민둥한 산이 만드는 계곡 옆으로 서서히 내려간다. 한참을 내려가니 밀림지대로 내려가는 마지막 전망대에서 내리라고 한다. 차에서 내려 자그마한 언덕을 올라가니 해발 2,300m의 '까르빠빠다(Carpapata)' 전망대라는 팻말

이 있고 중앙에 페루 국토부에서 박아 놓은 페루 국토의 정중
앙 지점이라는 표지가 이색적이다. 그 전망대서 바라보니 동
쪽 밀림 지역으로 내려가는 길이 아스라이 보이는데 아찔한
절벽 중간으로 난 길이 가파르게 내려가고 있어 다소 위험스
럽게 보인다. 계곡 건너편 산에는 '천사의 꼬리'라는 별명을
가진 폭포의 흰 물줄기가 산중턱에서 굽이치면서 계곡으로 길
게 떨어져 내리고 있다. 하지만 바로 옆의 산비탈이 몇 년 전
산사태로 무너져 내려 암반이 그대로 노출되어 있었다. 아직
풀과 나무로 덮이지 않아 흉물스럽게 보여 '천사'라는 단어와
어울리지 않는 풍경인 것 같다.

　계곡에만 나무가 보이더니 이제는 온 산과 계곡이 푸른 나
무로 뒤덮여 있다. 큰 터널을 두 개 지나고 소원을 빌면 잘 들
어 준다는 '야낭고(Ilanango)' 터널은 공사 중이라 우회하여 한참
을 가니 '찬차마요(Chanchamayo)' 시의 가장 큰 도시인 '싼 라몬
(San Ramon)' 읍이 나온다. '싼 라몬' 읍의 건립은 이곳에서 35km
북쪽에 자리하고 있는 '소금산(Cerro de la sal)'과 세계적인 가톨릭
전교 단체인 '프란치스코 수도회'의 이곳 전교 활동과 많은 연
관성을 가지고 있다. 그 소금산은 해발 1,750m의 정상 부근에
소금 광맥이 노천에 그대로 드러나고 있어 잉카 이전부터 아
마존강 상류 밀림 지역의 원주민인 '아샤닌카(Ashaninka)', '야네
샤(Yanesha)', '아무에샤(Amuesha)'족들의 소금 공급원으로 대단히

중요한 지역이었다. 밀림 지역 곳곳에 흩어져 사는 많은 원주민이 소금을 채취하기 위해 건기인 6월부터 9월 사이에 이 소금산에 모여든다. 밀림 지역에 가톨릭 전파를 위해 이곳에 온 '프란치스코' 전교 수사들은 이점을 활용하려고 했다. 그래서 그곳 소금산에 '프란치스코 공동체(Francisco Mission)'를 건립하고 아프리카에서 데리고 온 흑인들의 노동력 도움을 받으며 강압적인 전교 활동을 전개한다. 하지만 면역체계가 정비되지 않은 원주민들은 백인과 흑인들이 가지고 온 각종의 세균들로 인해 돌림병이 창궐하여 인구수가 급격히 줄어드는 결과를 초래했다. 게다가 강압적인 가톨릭 전교 행위는 원주민들의 반감을 사고 급기야 많은 원주민 반란으로 이어진다. 그중 소금산의 프란치스코 수사들을 살해함으로써 시작된 '후안 산토스 아타왈파(Juan Santos Atahualpa)'의 반란은 1742년부터 1752년 사이 이쪽 밀림 지역에서 백인들을 몰아내고 이후 근 100년간 백인들의 정착과 가톨릭 전파를 하지 못하게 막는 결과를 가져왔다. 스페인 왕정으로부터 독립한 페루 독립 정부는 이곳에서의 통치권을 회복하기 위해 싼 라몬에다 1842년 요새를 설립했고 그 요새가 발전하여 오늘날의 싼 라몬 읍이 되었다고 한다.

싼 라몬 읍은 우리가 줄곧 따라왔던 따르마강과 '뚤루마요(Tulumayo)'강이 합류하여 '뻬레네(Perene)'강이 형성되는 삼각지점에 자리하고 있다. 버스는 싼 라몬 읍을 우회하여 뚤루마요강 계곡으로 들어선다. 얼마 가지 않아 계곡 옆 울창한 나무로 둘러싸인 주차장에 버스를 세운다. '띠롤(Tilol)' 폭포 주차장이라고 한다. 폭포는 걸어서 한 30분 정도 올라가야 한단다. 우거진 수풀과 나비 그리고 앵무새들 특히 주차장 마당에 메어 놓은 야생 아마존강 원숭이를 보니 이곳이 밀림 지역이라는 것이 실감 난다. 밀림으로 뚫린 오솔길을 따라 한참을 올라가니 띠롤 폭포가 나온다. 폭포는 장관이었다. 약 30m의 높이에 약 2m의 폭으로 떨어져 수량이 엄청나다. 멀리서도 웅장한 소리가 들리고 서늘한 물보라가 땀을 식혀 줄 만큼 폭포는 힘차고 시원했다. 비키니 차림의 여인들과 많은 페루 관광객들이 수영복 차림으로 폭포를 즐기기에 여념이 없다.

찬차마요 시의 행정 중심지인 해발 751m '라메르세드(La Merced)'를 지나친다. 찬차마요 시는 한국인 동포 정흥원 씨가 시장으로 선출되어 한국에서도 잘 알려져 있으며 2016년에는 한국의 코이카에서 이곳 보건소를 건립했다는 뉴스를 본 것이 생각났다. 단체 투어가 아닌 개인 여행을 왔더라면 늦은 오후이지만 찬차마요 시청을 방문하여 한국인 시장을 한번 만나봐도 좋으련만 그냥 지나쳐서 뻬레네강을 따라 더 깊숙이 들어간다. 해발 3,259m인 우앙까요에서 시작해서 4,500m의 고개로 올라갔다가 해발 751m까지 내려왔으니 무려 3,800여m를 내려온 것이다. 다시 그만큼의 높이를 올라가야 하니 페루에서의 여행은 고도하고의 싸움이라고 해도 과언이 아니다. 라는 말을 체험하게 된다.

해거름 때가 되어서 도착한 곳이 뻬레네 강변의 높은 암산으로 둘러싸인 아샤닌까족의 마을 '팜파 미치(Pampa Michi)'라고 한다. 아샤닌까족은 페루 아마존강 상류 정글에 사는 인디오 종족의 하나로 잉카 사람들에 의하여 처음 세상에 알려지게 되었다. 잉카제국이 한창 정복지를 늘려나갈 때 잉카의 군대가 이곳까지 쳐들어왔으나 정글을 누비는 용맹 무쌍한 이들의 전투력에 견디지 못하여 더 멀리 진격하지 못하고 물러갔다고 한다. 소름이 끼칠 정도로 무섭게 분장하는 아샤닌까족의 얼굴 모습은 잉카 용사에게도 두려움의 대상이 되었다고 하니 용감한 잉카의 용사들도 정글 속에서는 힘을 제대로 쓸 수가 없었던가 보다. 그들의 각별한 독립성으로 스페인 식민지 시대에도 굴하지 않고 독립적인 생활을 유지하다가 전 세계적으로 고무 채취가 한창 노다지 사업으로 호황을 누릴 무렵인 1839부터 1900년대에 이르기까지 고무 채취자 백인들에 의해 약 70%의 아샤닌까족들이 죽임을 당했다고 한다. 서구 백인들에 의한 타문화 유린의 범죄는 이곳 셀바 지역도 안데스 고원인 씨에라 지역 못지않게 참혹했었던 모양이다. 마치 우리나라 초가집처럼 풀로 지붕을 이은 건물들로 둘러싸인 넓은 마당 한가운데 높은 단으로 모닥불을 피워 놓았다. 이곳은

셀바로 내려가는 길

관광객들을 상대로 아샤닌까족의 전통 의식을 공연하는 장소인 것처럼 보인다. 모든 관광객은 '쿠쉬마(cushma)'라고 하는 그들의 전통 옷을 걸쳐야 하는데 흙빛의 큰 무명 자루에 목과 팔을 위한 구멍만 뚫은 옷이다. 여자들은 머리띠를 남자들은 둥글고 납작한 모자를 쓰고 그들의 전통 천연물감인 붉은색을 얼굴에 칠해야 의식에 참여할 수 있다고 한다. 모닥불 탑 주위를 돌면서 그들의 악기인 북과 피리의 소리에 맞춰 주문을 따라 부르고 긴 나무 의자에 나란히 앉아 족장인 듯한 사람의 주

아샤닌까족의 민속 행사

문을 들어야만 하는 의식이 끝날 때쯤은 날이 저물었다.

어둠 속에서 마지막으로 방문한 곳은 커피 가공공장이었다. 요즘 세계적으로 한창 인기를 끄는 페루 커피의 가장 큰 집산지가 바로 이곳 찬차마요 시라고 한다. 날이 저물어 자세한 구경은 어려웠고 커피 한 잔씩 시음하고 정글의 전통 술도 맛보고 우앙까요로 돌아가는 길을 서두른다. 다시 3,500m를 올라 우앙까요 숙소에 도착하니 새벽 2시가 넘는다. 빡빡한 일정 때문에 겨우 그 맛만 보고 돌아왔으나 페루 와서 처음 경험하는 셀바 투어는 신기하면서도 소중한 경험이 되었다.

잉태의 도시 콘셉시온

리마행 밤 버스표를 예약하고 만따로 계곡지역의 대표적인 두 도시 우앙까요 시와 하우하 시의 중간에 위치된 '콘셉시온' 도시를 방문하기 위해 숙소를 출발했다. 도시 이름이 '콘셉시온(Concepcion)'이라 우리말 해석은 '잉태'라는 의미이니까 도시 이름치고는 좀 특이한 이름이다. 아무래도 이곳 만따로 계곡의 왕까족은 스페인 정복 초기부터 스페인 정복자들에게 가장 우호적인 부족이었기에 안데스에서 가장 먼저 스페인 가톨릭이 정착했던 지방이다. 그래서 가톨릭 교리에 나오는 '이마꿀라다 콘셉시온(Inmaculada Concepcion, 원죄 없는 잉태)'이라는 말에서 도시의 이름이 유래된 것 같다. 안데스 고원지대에서 가장 빨리 가톨릭이 정착한 이곳 만따로 계곡 지역 역시 성모 마리아에 대한 신앙이 아주 돈독하다고 한다. 우앙까요 시에는 아주 많은 가톨릭교회가 있다. 그들 중 가톨릭 신자들이 순례하는 유서 깊고도 유명한 3개의 특별한 가톨릭교회가 있는데 그들 중 2개 교회가 성모와 연관된 이름을 갖고 있다. '와만 마르까(Huamanmarca)' 광장에 있는 '성모 성결 교회(원죄 없는 잉태의 교회, Igresia de la Inmaculada Concepcion)'는 페루 북쪽의 '까하마르까(Cajamarca)'의 '성모 성결 교회'를 그대로 모방하여 1944년에 르네상스 바로크 양식으로 건립했다고 한다. 또 하나의 교회는 '헌법 광장'의 서북쪽으로 3개 블록 떨어진 곳에 자리하고 있는 '자비의 성모교회(Capilla de la Merced)'로 1809년에 건립되었고 1839년에 페루 최초의 입헌의회가 열렸던 장소로 1935년 국가 기념건물로 지정되었다고 한다. 우앙까요 시에서 가장 크고 유명한 성당은 '우앙까요 대성당(Huancayo Cathedral)'인데 헌법 광장의 서쪽 면에 자리하고 있다. 1799년에 공사를 시작하여 1831년에 완공한 교회로 처음에는 '마르티즈 사원(Martiz Templo)'으로 명명하다가 1955년 주교가 항상 주재하는 대성당으로 승격함으로써 또 다른 우앙까요의 큰 성당인 성모 성결 교회를 능가하는 대성당으로 발돋움했다고 한다.

헌법 광장 근처에서 코이카 봉사단원 이 선생의 현지 협력 교사를 만났다. 이름이 '미구엘(Miguel)'이라고 한다. 미구엘은 자가용 승용차를 가지고 있었다. 4명이 미구엘의 승용차를 타고 20분 정도 가니 아담한 콘셉시온 도시가 나온다. 먼저 점심때가 되어서 미구엘의 안내로 이 지방 전통식당으로 갔다. 식당은 안데스 고원 원주민들의 민속 요리인 '파차망카 (Pachamanca)' 전문 식당인 것 같다. 파차망카는 달군 돌을 이용하여 '와띠아(huatia)'라고 부르는 땅속 천연 오븐에다 재료들을 익혀 먹는 음식이다. 주먹만 한 크기의 돌을 돔형으로 쌓고 그 안쪽에다 불을 지펴 돌을 달군다. 돌이 충분히 달구어졌을 때 땅에다가 미리 파놓은 구멍(와띠아)의 밑바닥에 불집게를 사용하여 달군 돌을 깔고 바나나 잎처럼 넓은 나뭇잎을 깔고 제일 하층에는 감자와 고구마, 유까 등 뿌리 재료를 넣고 다시 나뭇잎과 달군 돌을 넣고 두 번째는 소금과 후추, 마늘 등으로 조미한 돼지고기, 소고기, 양고기, 알파카, 닭, 오리 등 육류를 넣고 똑같이 나뭇잎과 달군 돌을 넣고 이번에는 옥수수와 콩 종류를 넣는다. 그리고 두꺼운 천이나 나뭇잎을 덮어 열기가 빠져나오지 못하게 마무리한 뒤 흙으로 덮는다. 2~3시간 동안 재료들이 충분히 익기를 기다렸다가 파내서 먹는 요리가 파차망카이다.

미리 주문해 놓았는지 이내 음식들이 나온다. 돼지고기를 먹었는데 보기에는 그냥 물에 삶은 수육처럼 보이나 맛을 보니 훨씬 더 구수한 맛이 있으며 더 건강에 좋은 음식이라는 걸 느낄 수 있었다. 특히 처음 먹어보는 이 지방 토속 음식인 옥수수의 가루 반죽을 향신료와 소금으로 간을 맞추고 옥수수

껍질에 싸서 찐 '우밋따드(umittad)'는 아주 색다른 경험이었다. 안데스 원주민에게 어머니와 같은 신이 바로 대지의 여신인 '파차마마(Pachamama)'이다. 그들은 '파차마마'가 요리해 주는 이 '파차망카' 음식을 가장 귀하게 여겼으며 그래서 즐거운 마음으로 먹어야 한다고 미구엘이 설명한다.

점심을 먹은 후 미구엘은 다른 볼일이 있어 우앙까요로 먼저 돌아가고 4명이 모토 택시 두 대에 나누어 타고 이 도시의 명소인 성모상 공원(Complejo Turistico Piedra Parada)으로 갔다. 콘셉시온 시의 동쪽 동산 위에 위치하는 성모상은 그 높이가 25.4m에 달하고 이 도시를 대표하는 장소이기에 만따로 계곡으로 여행하는 사람들은 누구나 한번은 방문하고 싶어 하는 관광명소로 자리를 잡게 되었다고 한다. 성모상 공원 동산의 언덕 아래에서 하차하여 걸어서 동산을 오른다. 지그재그로 오르는 길이 제법 가파르다. 지고한 존재를 만나기 위해서는 육체의 고달픔을 감수해야만 하는 게 세상 이치인 모양이다.

지그재그의 코너마다 앉아서 쉴 수 있게 휴식공간을 마련해 놓았다. 코너의 벤치에 잠시 쉬면서 성모 마리아와 안데스 대지의 여신인 파차마마를 비교해 본다. 식민지 초기에 가톨릭 전파를 위해서 성모를 이해하지 못하는 안데스 원주민들에게 성모와 파차마마를 동일시하는 교육을 펼친 시기가 있어 아직도 일부 지방에서는 동네마다 공경을 바치는 성모상이 다르게 표현되고 있다고 꼬아르 학교 국어 교사가 했던 말이 생각난다. 성모든 파차마마이든 아니면 관세음보살이든 그 누구든 간에 여성만이 가지는 지고한 인성인 모성으로 부족한 인간의 성정을 어루만져 인간이 좀 더 신의 모습에 더 가까이 갈 수 있게 해주는 존재가 신을 믿는 종교에는 꼭 필요한 것만은 분명한 것처럼 보인다. 왜냐하면 신은 항시 너무 완벽하여 딱딱하니까.

언덕 정상에 거대한 백색의 성모상이 두 손을 합장하고 하늘을 우러르는 자세로 시가지를 향해 서 있다. 바로 앞에는 여러 개의 테라스 정원을 만들어 경사로 인한 붕괴도 방지하면서 사람들이 휴식할 수 있는 시설을 만들어 놓았다. 1인당 2sol씩 입장료를 지불하고 성모상 안으로 들어가니 나선형 계단이 나온다. 그 계단을 올라가니 성모 머리 위의 왕관 부분에서 사방을 조망할 수 있는 방에 도달한다. 높은 언덕보다 다시 25m 더 높은 곳으로 올라올 수 있기에 만따로 계곡 전역을 조망할 수 있어 많은 사람이 찾아오는 명소가 되는 것 같다.

이 부근에는 또 하나의 관광명소가 있다고 한다. 여기서 차로 한 30분 거리에 떨어져 있는 '싼타 로사(Santa Rosa)' 마을에 자리하고 있는 '오꼬파 수도원(Convento de Santa Rosa de Ocopa)'이라고 하는데 지금은 25,000권 책을 소장하고 있는 도서관이자 아마존강 상류 밀림 지역의 생활유물들을 보관하고 있는 박물관

성모상에서 본 콘셉시온 시가지

성모 마리아상

으로 유명하다. 하지만 스페인 식민지 시대인 1725년에 전도사들의 대학으로 설립되어 아마존강 상류 밀림 지역의 가톨릭 전교를 담당했던 '프란치스코' 공동체 수도회의 선교사 양성 기관이었다고 한다. 1800년대 한창 전성기 시절에는 신대륙에서 가장 큰 가톨릭 선교집단으로 스페인 태생 백인 수사와 선교사만 300여 명이 상주할 정도로 번창했다고 한다.

우리가 어제 여행했던 아마존강 상류 찬차마요 지역의 유명한 소금산에 선교의 교두보인 '프란치스코 공동체'를 짓고 30여 년간 리마 부왕청의 비호 아래 강압적인 가톨릭 선교를 펼쳤다. 하지만 1752년 '후안 산타 아타왈파'의 반란으로 밀림 지역에서 백인과 가톨릭이 퇴출당하는 결과를 초래했던 그 본 근거지가 바로 이곳 오꼬파 수도원이었다. 그 이후에도 페루 독립전쟁 때까지 페루 중부 안데스 지역의 가톨릭 전교의 중심지 역할을 충실히 해왔다. 하지만 페루 독립전쟁의 영웅 '시몬 볼리바르(Simon Bolivar)'는 독립전쟁의 와중에 스페인 부왕청을 지지하고 적극적으로 도왔던 오꼬파 수도원을 1824년에 점령하여 폐쇄하고 재산을 몰수하기에 이른다. 지금은 도서관과 박물관으로 단체 관광객들에게 45분간만 관람을 허용하고 있기에 개인 여행자인 우리는 가 볼 수가 없단다. 아쉬움을 뒤에 두고 우앙까요로 돌아왔다.

제2부

페루 북부

모요밤바

밀림의 도시 따라포또

연초부터 달아오를 대로 달아오른 사막의 열기는 식을 줄을 모른다. 이대로 모케과에서 긴 여름방학을 보내다간 풀 하나 자라지 못하는 저 푸석푸석한 산처럼 마음까지 메말라 시들지 않을까 걱정된다. 하루라도 빨리 푸른 숲이나 푸른 들판이라도 봐야만 마음이 온전해질 것 같다. 그래서 아내와 함께 여행을 떠나기로 했다. 페루 북부 안데스 깊숙한 지역에 또 하나의 안데스 문명이 있었다는 누군가의 말이 생각났다. 페루 안데스 남부지역에 번창했던 와리, 잉카 문명과는 달리 페루 북부 안데스의 속살 지역인 '차차뽀야(Chachapoya)' 지방에는 그들만의 독자적인 문명으로 번창하던 종족이 있었다고 전해진다. 스페인 정복자들이 잉카제국을 무너뜨리고 남미대륙을 정복하기 불과 60여 년 전에 잉카제국의 군대에 점령당했었다. 잉카 이전의 강력한 국가였던 '와리(Wari)'의 침략은 잘 방어하여 독립을 유지했으나 잉카의 침략에는 치열한 전투 끝에 점령당하고 말았다고 한다. 차차뽀야 지역이 점령당하기는 했으나 셀바 지역으로 피신한 일부 지도층의 사람들은 틈만 나면 고원지대로 올라와서 잉카의 파견 지도자를 살해하고 반란을 일으켜 여러 번 징벌의 전투에 잉카의 왕이 직접 나서기도 하는 등 잉카제국의 골칫거리 중 하나였다고 전해지는 곳이다.

먼저 수도 리마로 가서 비행기로 북부 셀바 지역의 거점도시 '따라포또(Tarapoto)'로 갔다. 비행시간은 1시간 정도 걸린 것 같다. 자그마한 공항에 내리니 후끈한 공기와 함께 비가 내리고 있었다. 공항 주위는 온통 푸름으로 가득 차 있어 마치 다른 세상에 발을 디딘 듯 모든 게 신기하고 흥미롭다. 공항 앞에서 모토 택시를 탈 때까지만 해도 극도로 건조한 코스타 지역에서는 절대 경험할 수 없는 습도를 가득히 머금은 고온의 공기와 추적추적 내리는 비가 반가웠다. 하지만 예약해 두었던 호텔로 향하는 내내 그치지 않고 줄기차게 내리는 비가 서서히 마음에 부담감으로 변하기 시작했다. 호텔이 위치해 있는 도로는 비가 와서 노면이 푹푹 빠지는 진흙탕이라 차가 한번 들어가면 나올 수가 없다고 한다. 비를 맞으며 푹푹 빠지는 진흙탕을 걸어서 호텔로 갈 수밖에 없었다.

페루 북부지방의 자연을 알기 위해서는 남에서 북으로 흐르는 3개의 거대한 강을 알아야 한다. 가장 동쪽을 흐르는 '우카얄리(Ucayally)'강은 아마존강의 가장 긴 원류로 잉카제국의 대다수 유적지가 위치한 우루밤바강과 아푸리막강, 그리고 만따로강을 그 지류로 두고 있는 가장 큰 강이다. 그리고 또 하나의 큰 강은 가장 서쪽 안데스 두 줄기 산맥의 협곡을 따라 남에서 북으로 길게 흐르는 '마라논(Marañon)'강이다. 마라논강은 또 다른 아마존강의 원류라고 주장할 정도로 페루 안데스산맥의 가장 깊숙한 지점인 페루 중부 '쎄로 데 파스코(Cerro de Pasco)'에서 발원하여 페루 안데스 최고봉인 '와스카란(Huascaran)' 산(해발 6,768m)의 만년설이 녹아 흐르는 지류도 받아들이고 안데스의 두 줄기 산맥 사이를 흘러서 페루 북쪽에서 동쪽으로 방향을 틀어 흐르다가 에콰도르에서 흘러드는 여러 개의 지류를 받아들이고 '우카얄리'강과 합류하여 아마존강의 본류를 만드는 강이다.

주목해야 할 또 다른 하나의 강은 페루 중부 '쎄로 데 파스코(Cerro de Pasco)' 지방에서 발원하여 중부 안데스 고원지방의 대도시 '우아누꼬(Huanuco)'와 밀림과 안데스 경계 지점의 신흥도시 '띵고 마리아(Tingo Maria)'를 거쳐 남북으로 놓여 있는 안데스산맥과 안데스산맥 동쪽에 위치된 아줄 구릉 산맥(Cordillera Azul) 사이의 계곡과 평원을 흘러 마라논강과 합류하는 '와야가(Huallayga)'강이다. 와야가강은 요즘 마약의 원료인 코카잎의 최대생산지로 세계인의 관심을 받는 강이기도 하다.

'따라포또'는 '싼 마틴(San Martin)' 주의 가장 큰 도시로 와야가강 하구 근처에 위치된 인구 18만 명이 거주하는 페루 북부 아마존강 열대우림 지역의 상업 중심도시이다. 스페인 페루 정복 이전에는 잉카제국에 점령당한 페루 남부의 아야꾸초 지방에 살던 포크라족과 창카족 중 일부 지배계급 사람들이 잉카의 확장 세력에 밀려 밀림 지역으로 피신했다가 강을 따라 내려와 소수의 밀림 종족을 정벌하고 정착한 마을이었다. 스페인 식민지 시대 초기에도 스페인 부왕청 행정력의 손이 미치지 못하다가 18세기가 되어서 사싸스로 백인 이주민이 늘어가기 시작했다고 한다. 원래 고기잡이와 사냥을 주업으로 살아가는 소수 원주민의 주거 장소에 가톨릭 주교였던 한 신부가 1782년 이곳에 마을을 건설하면서 '따라푸뚜스 야자수 (taraputus palm)' 목재를 사용하여 마을을 건설했다고 해서 '따라포또'로 명명되었다고 한다.

따라포또는 페루 서부 태평양 연안의 인구 밀집 도시와 동부 아마존 열대우림 지역을 연결하는 경제 중심도시로 최근 활발하게 성장하고 있는 도시이다. 특히 코카(마약의 원료) 거래와 밀림 속 목재의 불법 벌채에 따른 지하경제가 활발한 도시로 야간에는 범죄가 끊이지 않는다고 한다. 점심을 인근 식당에서 해결하고 시내 관광을 위해 모토 택시를 타고 낯선 거리로 나선다. 비는 그치지 않고 줄기차게 내리고 있다. 낯선 지방에서 그곳 생활을 잘 알려면 시장에 가서 한번 둘러보는 것이 가장 빠르다.

아르마스 광장 부근의 재래시장에 내려 시장을 둘러보았다. 다른 것은 페루의 여느 도시 시장과 비슷하나 열대지방이라 그런지 과일 채소 가게가 풍성하다. 특히 바나나만 전문적으로 파는 가게가 인상적이었다. 바나나를 낱개나 꼬투리로 파는 것이 아니라 수십 개의 꼬투리가 달린 가지를 통째로 팔고 있었다. 노랗게 익은 작은 바나나보다 커다란 녹색의 바나나가 더 많이 팔린다. 이유를 물으니 커다란 녹색의 바나나는 '플란따노(plantano)'라는 다른 이름으로도 부르는데 과일용인 노란 작은 바나나와는 달리 주식으로 먹는 요리용으로 쓰인다고 한다. 이곳 밀림지대의 주식은 고원지대와는 달리 삶은 감자 대신에 기름에 튀기거나 구운 플란따노를 삶은 옥수수와 함께 곁들이는 음식인 것 같다.

또 하나 특이한 것은 바나나잎처럼 생긴 넓은 잎을 돌돌 말아서 팔고 있다. 바나나잎인지 물으니 바나나잎이 아니고 '비하오(bijao)'라는 열대 식물의 잎이라고 한다. 향긋한 냄새가 나는 넓은 잎으로 아마존 정글의 대표 음식인 '후아네(juane)'를 조리하거나 뜨거운 음식을 담아 운반할 때 사용한다고 말한다. 후아네는 쌀밥에 고기와 유카 등을 함께 갈아 나뭇잎에 싸

따라포또 시장

서 찐 음식이다. 쿠스코 거리에서 팔고 있던 '따말레(tamale, 양념과 간을 맞춘 강냉이 가루 반죽을 나뭇잎으로 싸서 찐 음식)'를 만들 때도 사용된다고 한다.

그치지 않고 내리던 비가 이제는 아예 장대비로 변해서 세차게 내리니 우산을 쓰고 있으나 신발은 이미 다 젖어 버렸다. 건조한 모케과에서 그렇게 그리워하던 비가 이제는 싫증이 나는 지겨운 존재가 되어 버렸다. 이렇게 간사한 게 사람의 심성인 모양이다. 우리나라에서는 한여름이라고 해도 비가 오면

대기는 서늘하여 뜨거운 커피 한잔이 곧잘 생각날 정도로 지내기가 좋았었는데 이곳에는 습도를 잔뜩 머금은 후덥지근한 공기에 열기까지 더해 온몸이 땀으로 뒤범벅이 되고 보니 뜨거운 커피는 고사하고 빨리 이곳을 벗어나고 싶은 마음만 가득했다. 줄곧 내리는 비와 함께 '따라포또'의 강한 첫인상은 평생 기억될 것만 같다.

서양란의 수도 모요밤바

모요밤바에 도착할 즈음엔 드디어 비가 그쳤다. 모요밤바는 케추아 말로 '무유 팜파(muyu pampa)'에서 유래되었다고 하는데 ('무유'는 '둥글다', '팜파'는 '들판'을 의미) 이름처럼 '마요강(와야가 강의 지류)'변의 산으로 둘러싸인 분지에 자리하고 있었다. 잉카가 점령하기 이전 가장 먼저 이곳을 점령한 사람들은 우리가 여행하려고 하는 북부 안데스 고원의 차차뽀야 문명이었다고 한다. 그리고 그들은 페루 아마존강 밀림 지역의 원주민인 '아구아루나(Aguaruna)족'이 되어 잉카제국에도 스페인 제국에게도 굴복하지 않고 끝까지 격렬하게 저항하여 독립적인 생활을 유지한 남미의 스페인 식민역사에 길이 남는 유명한 종족이었다. 아구아루나족은 자기들만의 고유한 언어를 가지고 있으며 지금도 마라뇬강 유역의 문명인이 들어가기가 아주 힘든 밀림 깊숙한 지역에 8,000여 명이 흩어져 살고 있다고 한다. 1950년대 말까지도 페루 중앙정부에 협조하지 않고 독자적인 생활을 영위하고 있다가 지금은 페루 정부와 새로운 우호 관계를 맺고 미국의 세계적인 제약회사를 상대로 아마존강 밀림에서 생산되는 약초에 대한 소유권을 주장하는 등 현대식 교육을 받은 지도자를 중심으로 정치적인 활동도 활발히 전개하는 종족이라고 한다.

모요밤바는 인구 8만 명이 거주하는 소도시로 싼 마틴 주의 수도이지만 지금은 새롭게 번창하는 인근의 대도시 따라포또에 밀려 공항도 내어 주고 많은 시설과 기관이 그곳으로 옮겨 갔으나 스페인 식민지 시대에는 가톨릭 포교의 거점도시로 페루 아마존강 밀림지대에 서양인이 제일 처음으로 설립한 이 지역의 중심도시였다. 연 평균 기온이 23℃로 다양한 식물이 자생하고 있어 식물 다양성이 풍부한 곳이기도 하다. 지금까지 이 지역에서 발견된 서양란이 3,500여 종에 달하여 세계의 서양란 연구가와 수집가의 메카로 자리 잡아 '서양란의 도시(la ciudad de orquidea)'라는 별칭이 붙을 정도라고 한다. 서양란의 도시답게 들어가는 시내 초입 로터리 중앙 분수대 위에 '카틀레야 렉스'로 보이는 서양란 모형물을 설치해 놓았다. 거리에는 3층 이상의 높은 건물이 보이지 않고 시가지가 조용한 소도시이다. 이번에는 약간 비싸기는 하나 시설이 좋은 호텔에

투숙하기로 작정하고 시가지 초입에 위치된 새 건물의 도라다 호텔(dorada hotel)로 숙소를 정했다. 아침 일찍부터 서둘러 따라포또를 출발한 덕분에 아직도 오전 10시밖에 되지 않았다. 점심 식사 전에 가까운 관광지를 하나 보기로 하고 호텔에서 소개해 준 '알렉스(Alex)'라는 현지 가이드를 만났다.

모토 택시를 타고 제일 처음으로 간 곳이 마요강변의 식당과 보트 놀이를 할 수 있는 관광지였다. 먼저 식당에 식사를 주문해 놓고 모토 보트를 타고 강 상류로 갔다가 돌아오자는 알렉스의 제안에 따라 식당에 들어가서 식사를 주문했다. 이곳 밀림지대 특유의 음식을 경험해보기로 마음먹고 나는 야생 돼지 고기구이 '아싸도 대 마하스(asdo de majas)'를 아내는 '플란따노(plantano, 녹색 바나나)'를 갈아서 만든 요리와 구운 소시지가 함께 나오는 '따까초(tacacho)'를 주문했다. 셀바의 음식은 코스타 음식과 많이 달라 튀김 종류가 많은 것 같다. 특히 '씨키싸빠스(siquisapas)'라는 스낵 음식은 상식을 벗어난 음식 재료라서 아주 신기했다. 말벌보다 조금 더 큰 열대 개미를 튀긴 음식이라고 한다. 까만 콩처럼 생긴 몸통을 하나 얻어서 맛을 보니 바싹 튀긴 치킨 맛과 비슷한 느낌이었다.

음식을 주문해 놓고 강으로 내려가 마른 풀로 지붕을 이은 모토 보트를 타고 강 상류로 선상 투어를 떠난다. 우기라 관광객들이 없어서 그런지 우리 외엔 부부로 보이는 남녀 한 쌍이

마요강

고작이다. 강은 열대우림 지역의 강답게 누런 흙탕물이 급한 물살을 만들며 빠르게 흘러간다. 상류 지역에 홍수가 났는지 간혹가다 푸른 부레옥잠의 무더기가 둥둥 떠내려온다. 강 옆으로 지나치는 밀림은 사람 발길이 한 번도 닿은 적이 없는 듯 호젓한 곳도 지나고 때때로 근처에 마을이 있는 듯 사람들이 낚시를 놓거나 강둑을 다니는 모습도 눈에 띈다.

　다음으로 간 곳은 '오로미나 유황천(Agua Sulfurosa Oromina)'으로 지금은 성수기가 아닌 듯 관광객이 별로 눈에 띄지 않고 썰렁하다. 피부병에 특효가 있다고 알려진 물로 색깔은 물에 우유를 탄 듯한 색깔이고 손으로 떠서 물 냄새를 맡으니 달걀이 썩

유황천

을 때 나오는 냄새와 비슷한 유화수소 냄새가 약간 난다. 가장 상부에 원천인 듯한 곳은 특이하게도 커다란 나무의 뿌리가 우유 색깔의 물웅덩이를 감싸고 있는 게 신기롭다. 온천이 아니고 목욕하기에는 날씨가 서늘하여 발만 담그고 더 안쪽 계곡에 있는 폭포관람을 했다.

알렉스가 다음으로 안내한 곳은 '성 마태오 노천 온천장(San Mateo Baños Termales)'이었다. 화산과 지진 활동이 잦은 페루 안데스 곳곳에 온천이 많은데 여기 모요밤바에도 온천이 많은 것 같다. 온천장 입구에서 거리 행상에게 사 먹었던 숯불에 구운 바나나 맛은 기가 막히게 좋았다. 든든하게 배를 채우고 온천 장엘 입장했다. 물 온도로 나눈 2개의 조그마한 수영장 크기의 풀(pool)에 사람들이 가득하다. 이곳은 유화수소 냄새가 나지 않는 것을 보니 유황 온천은 아닌 것 같다. 하지만 물 온도가 피로를 풀기에 적당히 따끈하여 수영복을 사서 갈아입고 온천을 즐긴 후 호텔로 돌아왔다.

다음 날 "'서양란의 도시'라고 했으니 서양란 재배원은 꼭 가 봐야 한다"고 알렉스에게 주문했더니 '아마존 서양란 재배원(Orquideas Amazonicas)'으로 안내한다. 노천에 진열하여 키우는 서양란 재배 장소이다. 입장권을 구매해서 입장은 했으나 세찬 비 때문에 우산을 쓰고 둘러보아야 했다. 신기하고도 흥미로운 서양란들이 많이 있으나 쏟아지는 비 때문에 제대로 구경할 수가 없었다. 특이한 점은 노지에 심은 식물은 드물고 대다수가 높은 철망을 세우고 서양란 어린 모종을 화분이나 나무껍질에 붙여 매달아 놓고 키운다는 것이다. 높은 나무에 붙어 기생하는 서양란의 서식처와 비슷한 환경을 만들어 주기 위한 것 같다. 자그마한 계곡으로 내려가는 문을 통과하면 자연 상태로 자라는 서양란들을 볼 수 있다고 하지만 세차게 내리는 비 때문에 포기하고 말았다.

그다음으로 모토 택시를 타고 가기에는 너무 멀어 승용차 택시로 갈아타고 모요밤바 인근의 위성마을인 '리오하(Rioja)'

서양란

의 '비야 마리아(Villa Maria)'라고 하는 관광 리조트를 방문했다.
이곳은 숙박 시설과 식당 그리고 알토 마요 지역에 서식하는
열대 동물들을 볼 수 있는 종합 관광 리조트인 것 같다. 리조
트 식당에서 아내는 '아비스파 후아네(Avispa Juane, 잘게 썬 닭고기,
돼지고기에 쌀밥을 달걀과 버터로 버무려 비아호 잎으로 싸서 찐 음식)'를
나는 '빠이체 물고기 튀김(paiche frito)'을 주문하여 먹었는데 관

광 리조트 식당이라서 그런지 맛이 훌륭했다. 빠이체가 어떤 물고기인지 검색해 보니 우리에게 '삐라루꾸(pirarucu)'로 잘 알려진 세계에서 가장 크게 자라는 아마존 민물고기라고 한다. 아마존강 깊은 물에서 길이 3m에 몸무게 250kg까지 자란다고 한다.

식사 후에는 우산을 쓰고 밀림 지역 산책을 나섰다. 희귀한 앵무새 종류들을 방사하여 키우는 것 같은데 다른 곳으로 날아가지도 않고 식당 건물 주위를 맴돈다. 주위 밀림 속에는 이름 모를 온갖 나무들이 들어차 있고 그 나무들 가지에는 열대난 종류의 식물들이 매달려 자라고 있다. 줄기차게 내리는 비를 우산으로 받으며 얼마간 밀림 속으로 난 오솔길을 걸어 들어가니 아주 열악한 시설이지만 밀림 동물들을 키우는 동물원이 나온다. 멧돼지, 타조, 너구리 거북이 등은 방사하여 키우는 것 같고 원숭이와 정글 곰은 우리에서 키우고 있었다. 허술한 우리 속에서 몸집이 작은 원숭이가 젖먹이 강아지를 돌보는 모습이 신기하다.

차차뽀야

또 하나의 안데스 문명

그다음 날 북부 안데스의 속살 지역인 차차뽀야를 향해 모요밤바를 출발했다. 도로변이 우거진 밀림이고 희귀한 나무와 풀들로 가득하다. 비가 오지만 안개인지 구름인지 몰라도 멀리 보이는 산에는 하얀 비구름이 걸쳐있다. 왜 이곳이 기후 분류상 운림지역(cloud forest)으로 분류되었는지, 왜 잉카 사람들은 '차차뽀야' 사람들을 '구름 전사(cloud worrior)'라고 불렀는지 이해가 되는 풍경이다. 밀림 속에 비포장도로가 아득하게 나 있다. 저곳으로 들어가면 희귀한 나무, 꽃 아니면 꿈속에만 그리던 이상향이 있을까? 이상향에 대한 상상 속에 젖어 있다가 어느덧 해발 950m의 작은 마을을 지난다. 옆 사람에게 물으니 '아구아스 베르데(Aguas Verde)' 마을이라고 한다. 곧 검문소를 하나 지나고 나니 높은 산이 성큼 다가선다.

평야를 지나 산간지대로 올라가니 계곡의 물은 맑고 하얀 물거품을 만들며 급류로 흐른다. '아구아 베르데' 강을 다리로 건너 비안개가 짙게 서린 깊은 협곡 사이로 난 꼬불꼬불한 길을 돌아 돌아 급격하게 올라간다. 안개 속의 나무들이 유령처럼 서 있다. 태평양 쪽인 서쪽에서 안데스로 올라갈 때와는 아주 다른 풍경들이 지속된다. 공기가 서늘하게 바뀐다. 해발 2,000m까지 올라갔다가 다시 1,600m까지 내려온다. 고산분지 마을들을 지난다. 우리나라 경북 봉화에서 울진 넘어가는 길의 '분천, 광희' 마을이 생각나는 풍경이다. 해발 1,500m가 넘는 지역이지만 대평양 연안 지대와는 달리 이곳에는 비가 많이 내리는 모양이다. 산에는 나무가 우거져 있고 급경사의 산비탈에는 산사태로 벗겨진 암반이 군데군데 드러난 곳도 더러 보인다. 커다란 나무들은 한결같이 둥치와 가지에 기생식물을 수염처럼 덥수룩하게 달고 서 있다. 얼마 가지 않아 커다란 산정호수가 나타나는데 해발 2,175m의 '뽀마꼬차(Pomacocha)' 호수라고 한다. 그 호수를 왼쪽에 두고 산비탈로 난 길을 잠시 오르더니 정점을 지났는지 이제는 다시 내려간다.

페루 북부 안데스산맥의 깊숙한 곳에 자리했던 차차뽀야 문명은 AD 9세기경 또 하나의 남부 안데스 문명인 와리의 침략에는 잘 방어하여 독립을 지켰으나 스페인 정복자가 페루에 도착하기 약 60년 전인 1475년경에 잉카제국의 황제 '투팍 잉카 유팡키(Tupac Inca Yupanqui)'에 점령당함으로써 외부에 알려지게 되었다. 잉카의 언어인 케추아 말로 '사차(sacha)'는 나무(tree)를, '뿌유(phuyu)'는 구름(cloud)를 의미한다. 잉카인들의 고향인 쿠스코가 건조하고 큰 나무가 자라지 않는 식생과는 달리 구름이 많이 끼고 비가 많이 오고 나무가 많이 자라는 이곳의 특성을 잘 표현하여 붙인 말인 것 같다.

차차뽀야 종족이 사는 지역은 페루에서 문명이 잘 발달한 태평양 연안 지역에서부터 안데스의 높은 두 줄기 산맥을 넘어야 하고 또 그 사이를 흐르는 거대한 강인 마라논강의 깊은 협곡을 건너야 겨우 도달할 수 있어 지리적인 접근이 매우 어려운 지역이다. 기원전 1,400년부터 사람이 거주한 흔적이 발견되었으나 본격적인 거주는 AD 200년부터이고 가장 전성기는 AD 750년에서 800년 사이로 역사가들은 판단한다. 이와 같은 지리적인 고립은 차차뽀야 문명을 아주 독특한 문명으로 발전케 했다.

이런 문명이 서양 고고학자들에 의해 서양 세계에 알려지게 되자 서양인들은 신비로운 이 문명에 대해 커다란 호기심을 가지게 되었다. 우리가 잘 아는 '인디아나 존스'는 모험 영화 시리즈의 그 첫 번째 영화 '잃어버린 성궤를 찾아서(Raides of the Lost Ark)'의 배경이 된 곳이 바로 이곳 차차뽀야 문명이다. 그 영화 후반부에 나오는 덩치가 아주 작은 원주민으로 묘사된 '호빗토스(Hovitos)'족이 바로 차차뽀야 종족이고 마지막에 나오는 '황금 여인상(Golden Idol, 입을 벌리고 쪼그리고 앉아 아이를 출산하는 여인의 모습)'은 다산을 상징하는 차차뽀야족의 여신상으로 묘사되었다.

스페인 정복 초기의 연대기 작가들은 차차뽀야 종족은 피부가 안데스 종족 중 가장 희고 아름다워 이곳 여인들은 잉카의 여자로 많이 차출되고 태양 신전의 여사제들로도 많이 뽑혀 간다고 적었다. 심지어는 백색의 피부에 금발을 지닌 사람들이 많아 유럽의 '바이킹'족 일부가 이곳으로 흘러들어 와 한 종족을 이루었다고 주장했던 일부 학자들도 있었다. 지금은 모두가 낭설로 밝혀졌으나 서양인들이 차차뽀야 문명을 얼마나 신비롭게 여겼는지 가장 잘 보여주는 이야기라 할 수 있겠다.

태평양 연안 도시인 치끌라요로 가는 길과 헤어져 우뜨꾸밤바강을 거슬러 남쪽으로 간다. V자로 깊게 갈라진 계곡을 따라 점점 고원으로 올라간다. 차차뽀야 시가 해발 2,335m에 위치되어 있으니 고도 1,000m 이상을 올라가야 한다. 우뜨꾸밤바강은 아주 깊은 계곡을 만들었다. 맞은편 구릉에는 이상한 관목과 열대 난 종류의 식물들이 까마득하게 붙어 있고 멀리 떨어져 있는 절벽의 산허리쯤에 비구름이 감겨 있다. 그 위 절벽은 층층이 다른 색깔의 암벽으로 물결치듯 굽이치는 모습이 마치 하늘을 나는 거대한 용의 형상이 연상된다. 계곡의 규모가 엄청 거대하고 깊어 한국 사람의 보통 생각으로는 도저히 상상할 수 없는 풍경이다.

우뜨꾸밤바강 유역은 그 문명만큼이나 특이하고 희귀한 '주걱꼬리벌새(colibri cola de espatula)'의 세계 유일의 서식지로 세계의 조류학자들과 애호가들을 불러 모은다고 한다. 주걱꼬리벌새 수컷은 약 30cm 길이의 꼬리 4개를 가지고 있는데 가장 바깥쪽의 좌우 두 꼬리 끝에는 동전 크기의 푸른 원형 깃털을 달고 있다. 특이한 모양의 꼬리가 마치 주걱처럼 보이기에 그런 이름이 붙여진 것 같다. 암컷에게 구애할 때 그 꼬리로 요란한 퍼포먼스를 보여 암컷의 마음을 사로잡는다고 한다.

벌새(colibri, 영어로는 humming bird)는 안데스 고원 문명에서 아주 특별한 의미를 품고 있는 동물이다. 그들은 이 세상이 3개의 세상, 즉 '아난 파차(Hanan Pacha, 천상의 세상)', '까이 파차(Kay Pacha, 지상의 세상)', '우꾸 파차(Ukhu Pacha, 지하의 세상)'로 이루어져 있다는 세계관을 가지고 있다. 그리고 각 세상을 상징하는 동물들이 있는데 천상의 세상은 '콘도르(condor, 안데스 독수리)', 지상의 세상은 '푸마(puma, 안데스의 표범)', 지하의 세상은 '쎄르삐엔떼(serpiente, 뱀)'가 그들이다. 그런데 벌새는 3가지 세상을 자유롭게 드나들 수 있는 유일한 동물이라고 믿었다. 그들을 잉카의 언어인 케추아 말로 '씨와르껜띠(siwarquenti)라고 부르는데 3개의 세상을 연결 짓는 연락원이라는 의미라고 한다. 그래서 사

차차뽀야 거리

람이 죽으면 벌새가 저승으로 길잡이가 되어 안내한다고 믿었
으며 살아있을 때도 벌새가 나타나면 경건한 자세로 천상의 세
상이나 지하의 세상에서 가지고 온 메시지를 알려고 노력했다.

안데스 지역에는 많은 종류의 벌새들이 있으나 잉카의 사람
들은 '칼부리 벌새(sword bill humming bird)'를 가장 귀하게 여겼다
고 한다. 자기 몸집보다 더 긴 부리를 가지고 있는 칼부리 벌
새는 긴 부리로 잉카의 신성한 꽃인 '깐뚜따 꽃(qantuta, 긴 종처럼
생긴 꽃)'의 깊은 꿀을 딸 수 있는 유일한 새라고 여긴다. 이는
심연 속에 들어 있는 본질에 바로 닿을 수 있는 유일한 존재이

차차뽀야 성당 내부

차차뽀야 아르마스 광장

기 때문에 잉카인들은 칼부리 벌새를 가장 존귀하게 여겼다고
한다.

강을 따라 상류로 올라가던 '꼼비'가 강과는 헤어져 갑자기
좌측으로 난 지그재그의 길을 급격히 올라간다. 올라오니 고
원 분지에 시가지가 펼쳐진다. 붉은 기와 지붕에 하얀 벽으로
된 전형적인 중세풍의 스페인식 건물들이 주를 이루고 있다.
가끔가다가 2층 발코니가 있는 집들도 있고 돌을 박아 포장한
골목도 보인다. 원래 차차뽀야 문명의 원주민들은 이곳이 아
니라 우뜨꾸밤바강 건너편 고원지대, 즉 마라뇬강과 우뜨꾸밤
바강 사이의 '바레따(Barreta)' 고원시내가 그들의 주된 수거 지
역이었다. 스페인 정복자들이 처음 이 지방에 그들의 정착 도
시를 세울 때는 이곳에서부터 조금 남쪽에 위치된 '할카(Jalca)'
지방에 자리를 잡았으나 역병과 원주민들의 잦은 반란으로
1545년에 이곳으로 옮겨 도시를 세우고 '차차뽀야'라고 이름
을 붙였다고 한다.

예약해 두었던 호텔은 시가지 중앙에 자리하는 아르마스 광
장과 한 블록 떨어진 곳에 자리하고 있었다. 호텔에 짐을 풀고
나자마자 아르마스 광장에 모여 있는 여행사에 가서 가볼 수 있
는 투어들을 예약했다. 차차뽀야 문명의 유적지 중에는 볼 곳이
많이 있으나 가장 관심을 끌고 가장 가보기가 쉬운 유적지 3곳
과 세계에서 3번째로 높은 '곡타(Gocta)' 폭포 투어를 예약했다.

제2의 마추픽추, 꾸엘랍

아침 9시에 아르마스 광장에서 햄버거와 아메리카노 한잔으로 아침을 때우고 '꾸엘랍(Cuelap 해발 3,000m)'으로 첫날 투어를 떠난다. 15인승 관광버스가 차차뽀야 시가지(해발 2,350m)를 벗어나더니 어제 올라왔던 지그재그의 길을 이제는 내려간다. 우뜨꾸밤바강(해발 1,500m)까지 내려오자 강을 거슬러 상류로 방향을 틀고 얼마 가지 않아 강을 건넌다. 강을 왼쪽에 두고 절벽의 암벽 무늬가 용트림처럼 굽이치는 계곡을 따라 한참을 가다가 갑자기 길과 헤어져 오른쪽 산으로 난 지그재그의 급경사 길로 올라간다.

산중턱에 올라서니 '신 띵고(Nuevo Tingo 해발 2,278m)' 마을이 나온다. 원래 띵고 마을은 강 옆에 자리하고 있었는데 몇 년 전에 커다란 홍수로 마을이 급류에 휩쓸려 가는 바람에 높은 산중턱인 이곳으로 마을을 옮겼다고 한다. 그래서 '신 뗑고' 마을이라고 부른단다. 마을을 통과하여 맨 끄트머리에 자리한 관광버스 주차장에 도착한다. 여기서 다시 셔틀버스로 갈아타고 약 3km 떨어진 케이블카(teleferico) 정류장으로 올라가야 한다. 조금 올라가니 케이블카 정류장이 나오는데 차차뽀야에서는 보기 드문 꽤 현대식으로 잘 지은 2층 건물이다.

꾸엘랍 케이블카 공사는 꾸엘랍을 제2의 마추픽추로 만들겠다는 페루 정부의 야심 찬 기획 중의 하나라고 한다. 페루 정부가 2015년에 이 공사를 기획하여 2017년 3월에 운행을 처음 시작할 때까지 많은 우여곡절이 있었고 약 2전 100만 불이 투자되었다고 한다. 우리나라에서는 지자체마다 관광명소에는 으레 설치하는 흔한 케이블카이지만 페루 국내에서는 제일 처음으로 세운 케이블카라고 자랑을 한다. 열악한 산악 도로로 인하여 차량으로 2시간 걸리는 거리를 20분 만에 도달할 수 있고 26개의 케이블카가 1시간에 1,000여 명의 관광객을 태울 수 있어 페루 북부지역의 관광 활성화에 커다란 공헌을 할 것으로 기대하고 있다.

1인당 20sol로 탑승권을 발매하고 차례를 기다린다. 아메리카노 한 잔을 아내와 나누어 마시며 정류장 대기실 창문으로 우뚜꾸밤바강과 꾸엘랍강이 합류하는 계곡을 내려다본다. 오른쪽으로 꾸엘랍을 머리에 이고 서 있는 거대한 산비탈의 정상에서부터 차차뽀야 문명의 주된 생활 주거지가 되었던 바레따(Barreta) 고원이 시작된다. 거대한 산과 깊은 계곡이 빚어내는 풍경은 우리나라에서는 볼 수 없는 경사와 규모를 가진 안데스의 전형적인 풍경이다. 우리 차례가 되어 케이블카에 탑승했다. 정원이 8명으로 사방과 바닥이 유리로 되어 있어 운행 중에도 주위 풍경을 잘 감상할 수 있는 구조이다. 처음에는 우뜨꾸밤바강의 지류인 꾸엘랍강의 깊은 계곡 밑으로 반쯤 내려가다가 계곡을 건너 꾸엘랍산의 비탈을 타고 비스듬히 위로 올라가는 코스로 설계되어 있다. 케이블카에서 내려다보니 꾸엘랍으로 올라가는 도보의 길이 마치 실뱀이 기어가는 것처럼 지그재그의 형태로 거대한 산비탈에 푸른 관목 숲을 배경으로 선명하게 드러나 보인다.

케이블카가 산의 중턱 모롱이를 넘어가며 지면과 가장 가까운 곳을 지나칠 때 발아래 숲을 보니 1m 내외의 작은 관목들에는 붉고 노란 작은 열매들이 맺혀 있는 게 보이고 열대 난 종류와 이름 모를 야생화들이 자잘한 꽃들을 피우고 있다. 정상 가까이에 올라서자 고도가 높아서인지 실비가 내린다. 비구름이 마치 하얀 솜을 뜯어 놓은 것처럼 멀리 산등성이에 듬성듬성 걸쳐있다. '라 말카(La Malca)'라고 부르는 정상의 케이블카 정류장은 경사가 높은 지붕을 풀로 이어놓은 게 이채롭다. 여기서 다시 1km 정도는 걸어서 가야 꾸엘랍에 도달할 수 있다고 한다. 주위에 몇 개의 기념품 상점들과 식당들이 모여 있고 걷기 힘든 사람들에게 돈 받고 태워주는 말 서너 마리가 언덕에 매여 있다. 매표소에서 입장권을 사고 숲속으로 난 관람로를 따라 오솔길로 들어선다. 얼마간 걸어가서 숲을 벗어나자 갑자기 거대한 성벽이 비안개 속에서 성큼 다가선다. 가까이 가니 금방이라도 머리 위로 무너질 듯 까마득하게 솟아있다.

꾸엘랍은 서쪽은 가파른 절벽이고 동쪽은 비교적 완만한 경사를 가진 해발 3,000m 산 정상에 서기 1000년에서 1400년 사이에 석회암 자연석으로 죽조한 높이가 20m에 달하는 석성으로 남북으로 600m의 길이에 동서 폭이 110m의 크기라고 하는데 이곳은 그 성벽의 남쪽 끝이라고 한다. 이곳에 사용된 돌의 총 양은 이집트의 피라미드를 능가한다고 학자들은 말한다. 어느덧 비안개는 걷히고 맑은 하늘이 나타난다. 높은 성벽을 왼쪽에 두고 성벽의 동쪽 면을 따라 북쪽으로 관람로가 나 있다. 꾸엘랍으로 들어가는 출입구는 모두 3개가 있는데 동쪽에 제1, 제3의 출입구가 있고 서쪽에 제2의 출입구가 있다고 한다. 동쪽 2개의 문 중 남쪽에 자리하는 제1 출입구는 훼손된 성벽과 출입구를 함께 보수하느라 출입을 금지하고 커다란 천막으로 막아 놓았다.

이윽고 성 안으로 들어가도록 허락된 제3 출입구에 도착했다. 입구는 서너 사람이 겨우 들어갈 정도로 좁은 공간에 최근 만든 것으로 보이는 나무로 된 문을 만들어 놓아 한 사람이 겨우 통과하도록 만들어 놓았다. 페루 관광청의 직원인 듯한 사람이 서서 입장권을 받으며 인사를 한다. 들어가자마자 양옆은 돌로 쌓은 5~6m의 직벽이고 길은 가파르게 위로 올라가야 하게끔 설계되어 있다. 관람을 위하여 만들어 놓은 가파른 철계단을 오르고 나면 폭도 점점 좁아져서 마지막에는 겨우 한 사람만이 통과할 수 있도록 만들어 놓았다. 적은 군사로 성을 방어할 수 있는 효과적인 장치가 아닌가 생각된다.

꾸엘랍은 스페인 정복 시대인 1532년에 스페인 정복자 '디에고 알바라도(Diego Alvarado)'에 의해 강제 퇴거 후 내버려 두어 계속 잊혀오다가 약 300년 후인 1843년에 차차뽀야의 판사 '후안 크리소스토모 니에또(Juan Crisostomo Nieto)'가 토지 논쟁의 판결을 위한 조사를 나갔다가 우연히 발견했다고 한다. 니에또가 꾸엘랍의 존재를 '남아메리카의 바빌론 탑'이라고 발표하자마자 세계 특히 서유럽 학자들에게 초미의 관심사가 되었고 일반 사람들에게도 신비에 쌓인 문명으로 차차뽀야 문명이 서양인들에게 소개되었다. 그 후에 여러 차례의 발굴이 이어졌다.

발굴되고 수십 년 동안 이곳의 설립목적이 전시에만 사용하는 피난 요새였을 것이라고 학자들은 추측했다. 하지만 요즘은 전시에 요새로 사용된 것을 넘어 평상시에도 지배 계층의 사람들이 아주 중요한 종교적인 의식을 행사하는 성스러운 장소로 사용되었을 것이라는 판단이 지배적이다. 그 근거는 적의 접근을 감시하는 망루(El Torreon 혹은 Atalaya)와 3,000명이 동시에 거주할 수 있는 400개의 둥근 벽체 주거 형태 외에도 원뿔이 뒤집혀 땅속에 박힌 듯한 형태의 높은 제단(El Tintero)과 제물로 바쳤다고 짐작되는 동물의 유골들이 많이 발견되었기 때문이다.

성 안으로 깊숙이 올라서자 우뜨꾸밤바강 쪽인 북쪽으로 바닥에 나무판자를 깔아 관람로를 만들어 놓았다. 커다란 나무들이 드문드문 서 있고 나무에는 착생 식물들이 달라붙어 꽃을 피우고 있다. 약 1~2m 정도만 들쭉날쭉 남은 원형의 벽체들이 군데군데 보인다. 얼마쯤 가니 성안에 또 다른 성벽이 북쪽으로 길게 이어져 나온다. 좁은 성문을 통과하여 올라가니 '까스띠요(Castillo, 성)' 혹은 스페인 말로 '뿌에블로 알토(Pueblo Alto, 높은 마을)'로 불리는 서북쪽의 높은 지점으로 올라선다. 아직도 논쟁을 벌이고 있으나 이곳은 의사나 주술사 등 종족의 가장 영예롭고도 종교적인 사람들이 거주했던 곳으로 추측되며 병자들을 수술하여 고치거나 종교의 힘을 빌려 정신적인 개조를 시도하는 장소라고 학자들은 추측한다.

서쪽이 확 트여 아래를 조망할 수 있는 길로 관람로가 이어져 있다. 관람로 북쪽 끝에는 7m 정도의 높이로 돌로 쌓아 올

린 '엘 또레온(El Torreon, 탑)'이 나온다. 어떤 학자들은 '아딸라야
(Atalaya, 망루)'라고 부르기도 하는 곳인데 아래를 내려다보니 전
망이 기가 막히게 좋다. 까마득한 절벽이 만드는 깊은 계곡 그
너머에는 거대한 산들이 머리에 흰 구름을 두르고 밀려오는
물결처럼 아득하게 펼쳐진다. 서쪽 맞은편 산중턱에는 꾸엘랍
으로 오르는 비포장 자동차 도로가 마치 풀어 놓은 실오라기
처럼 거대한 산모롱이를 돌고 돌아 가느다랗게 이어진다.

　다시 관람로를 따라 남쪽으로 간다. 많은 원형 벽체와 달리
사각 벽체의 건물이 몇 개가 나온다. 가이드가 말하기를 이 건
물은 잉카가 이곳을 점령하고 난 후에 지은 건물이라고 한다.
그래서 '유팡키 까양까(Yupanqui Kallanca, 잉카의 왕 유팡키의 방)'이라
고 부른단다. 남쪽에는 더 많은 둥근 건물의 벽체들이 보인다.
어떤 것들은 벽체 외벽에 마름모나 지그재그의 문양들을 돌로
쌓아 아름다움을 표현해 놓았다. 지도자나 중요 인물들의 처
소가 아닌가 짐작된다. 한 건물에 8명 정도가 살았을 것으로
추정하는 둥근 벽체는 두께가 1m 정도이고 건물 바닥 지름이
3~4m에 이른다. 건물 안쪽에는 불피운 흔적과 곡식을 갈 수
있는 커다란 맷돌 등이 발견되었으며 다수의 유골도 발굴되었
다고 하는데 이는 차차뽀야 문명의 독특한 장례문화에 기인한
다고 볼 수 있다. 부모가 죽으면 미라로 만들어 집안 가까이에
두고 함께 생활한 것 같다.

남쪽 끝 언저리에는 특이한 건물이 하나 있다. 다른 건물들과는 달리 자연석이 아닌 자연석을 갈아 다듬은 일정한 돌 벽돌을 사용하여 6m 높이로 둥글게 쌓아 올린 건물이다. 모양은 마치 원뿔을 땅속 깊게 박은 모양인데 지면의 원형 지름보다 천장 부분의 원형 지름이 더 긴 건물 형태이다. 티티카카 호반 도시 푸노 인근의 '씨유스따니'에서 봤던 '출파(Chulpa)'와 아주 유사한 형태이다. '띤떼로(Tintero)'라고 부르는 건물인데 종교적인 제례 의식이나 천문을 관측했던 사원(templo)의 일종이 아니겠는가 추측한다. 영어 명칭은 '잉크웰(inkwell)'이라고도 부르는데 내부구조가 마치 잉크병(들어가는 상부의 입구는 좁으나 넓고 깊은 아래 내부를 가진 형태)을 닮았다고 붙여진 이름인 것 같다. 발굴 당시에는 무슨 용도로 사용되었는지 모르고 있다가 무너진 외벽을 수리할 때 지붕 중앙에 자그마한 원형 구멍을 발견하고 속이 비어 있음을 알았고 내부에서부터 많은 양의 동물 뼈가 발굴됨으로써 제물을 바치는 종교적인 시설로 사용되었을 것이라고 판단되고 있다. 발굴된 뼈 중에는 사람의 뼈도 다수 발견되어 인간을 제물로 바쳤을 가능성을 유추해 볼 수도 있다고 한다.

남쪽 끝 지점 성벽 위에 서서 케이블카가 도착했던 '라 말카' 쪽을 바라보니 아직도 관광객을 태운 케이블카가 쉴새 없이 도착하고 있다. 뒤편 산등성이에 마을들이 드문드문 보이

남쪽성벽

방목 중인 야마

원형 주거시설 벽체

바레따 고산지대의 농경지 정경

신전

고 재배하는 작물의 종류에 따라 그 색깔이 다르게 보이는지 산등성이의 밭들이 마치 모자이크 예술작품처럼 보인다. 차차뽀야 문명의 사람들이 자자손손 살았던 곳이 3,000m가 넘는 바로 이곳 바레따 고산지대라는 사실을 상기하자 아득하게 보이는 마을들이 예사롭게 보이지 않는다.

잉카제국 이전의 강력한 국가였던 와리 제국의 침략을 잘 막아내어 16세기 중반까지 독립을 잘 유지함으로써 오랜 시간 동안 독자적인 문화를 꽃피운 차차뽀야 문명의 가장 대표적인 유적인 꾸엘랍은 남쪽 잉카의 마추픽추에 비교해도 조금도 손색이 없는 훌륭한 유적지임에는 분명하다. 오히려 마추픽추에서는 볼 수 없는 색다른 매력을 지닌 유적이 아닌가 한다. 꾸엘랍을 보고 나니 제2의 마추픽추로 개발하겠다는 페루 정부의 야심 찬 계획에는 그럴 만한 이유가 있다는 확신이 든다.

등골이 오싹한 미라 박물관

오늘은 '레바쉬(Revash)' 무덤과 '레이메밤바(Leymebamba)' 박물관을 둘러 보려 한다. 레바쉬 무덤은 죽은 자들의 마을이라고 불러도 좋을 듯한 장소이다. 사람이 쉽게 오르지 못하는 까마득한 석회암 절벽 중간 절개 부분에 진흙과 돌을 쌓아 벽체를 만들고 박공지붕까지 얹어 놓아 작은 집처럼 만든 무덤에 신분이 높고 존경받았던 사람의 미라들을 모신 그야말로 유택들의 마을이라고 한다. 그리고 레이메밤바 박물관의 건립에는 다음과 같은 이야기가 있다. 1997년 레이메밤바에서 도보로 10시간 걸리는 '콘도르 호수(Laguna de los Condores)' 근처 '약따꼬차(Llaqtacocha)' 마을에 사는 한 농부가 호수 건너편의 까마득한 절벽 중간에서 500년 동안 고이 보존되었던 무덤들을 우연히 발견하게 된다. 그 이후로 많은 도굴꾼과 일반 농민들이 무덤을 훼손하게 되자 소중한 조상들의 문화유산들이 망가지거나 사라질 것을 두려워한 나머지 페루 민간 문화재단인 '말끼(Mallqui)'협회가 주관하여 고고학자들에 의한 대대적인 발굴 작업을 거친 후에 호주 정부가 주도하는 국제문화재단의 후원을 받아 가장 가까운 레이메밤바에 박물관을 세우고 그곳에서 발굴된 200여 개의 미라와 부장품들을 보관해 놓은 곳이 바로 레이메밤바 박물관이다.

차차뽀야를 떠난 지 2시간여 만에 마침내 레바쉬 관광 거점 마을인 '싼 바르톨로(San Bartolo)' 마을에 도착한다. 다시 50분 정도 걸이가니 레바쉬를 볼 수 있는 관망대에 다다른다. 원누막처럼 생긴 관망대에서 비스듬히 위로 100m 정도 떨어진 절벽 중간에 4~5개의 집채처럼 보이는 무덤 군이 두 군데나 보인다. 2층으로 지은 것도 보이고 계곡 쪽인 바깥벽에는 창문처럼 T자 모양, 직사각형 모양, 십자 모양으로 절개해 놓았으나 안쪽을 막아 창문은 아닌 것 같고 망자들의 신분이나 지위를 표시했던 게 아닌가 추측된다. 지붕 위 절벽과 벽체 부분에 붉은 물감으로 원형과 동물들의 그림을 그린 곳도 눈에 띈다. 죽은 자들도 저렇게 마을을 만들어 함께 지내도록 했던 걸 보면 차차뽀야 사람들은 사후세계의 생활도 살아생전과 똑같다고 생각했던 것 같다. 그리고 살아남아 있는 사람들에게도 교육적인 어떤 메시지들을 전하고 있는 것 같다. 죽어서 저 마을에 합류하려면 살아생전 매사에 언행을 조심하고 사람들로부터 존경을 받아야 하지 않았겠는가?

관광버스는 다시 레이메밤바 박물관을 향해 출발한다.

박물관 입구부터 내일 투어로 예정한 '까라히야(Carajia)' 석관 모형을 세워 놓았다. 이 박물관의 전시 유물이 콘도르 호수 절벽 무덤에서 발견된 유물로만 한정된 것이 아니라 차차뽀야문명의 모든 유적지에서 발견되는 유물들을 전시하고 있다는 설명을 해주는 것 같다. 박물관 건물 형태는 차차뽀야 문명의 건축양식인 원형의 벽체에 원뿔 지붕 형태로 지은 전시실 3채가 있고 그 전시실을 잇는 통로와 부속건물은 현대식 맞배 지붕의 건물 형태이다. 원형으로 된 제1전시실에는 차차뽀야 문명의 도자기들과 까라히야 석관을 실물 크기의 모형으로 만들고 설명을 적어 놓았다. 그리고 그 외 도구들을 전시해 놓았는데 도자기 중 주전자 모양의 도자기들이 특이하고 도자기 기술이 상당히 발전했음을 보여주는 것 같다. 그 외 특이한 물건은 한 개의 거대한 목각 작품이다. 전체 길이가 3.25m로 양 끝에는 자그마한 사람 모형을 조각해 놓았고 중앙 부분에는 악어와 퓨마 혼합 형상의 머리 부분이 어떤 동물의 머리를 삼키고 있는 모형이다. 걸어 놓은 설명을 대충 읽어 보니 콘도르 호수 부근의 '칠초(Chilcho)' 지방에서 조상들의 무덤이 있는 동굴 입구에 놓아두어 우리나라 장승처럼 사악한 기운을 방비한 부적 같은 역할을 했던 물건인 것 같다.

두 번째 전시실의 유물들은 자잘한 생활 도구들과 함께 차차뽀야 사람들의 직조 기술을 잘 보여주는 전시인 것 같다. 나무로 된 베틀과 면화로 만든 실 그리고 잘 짠 천들을 전시하고 있다. 이곳에서 특이한 것은 말로만 듣던 매듭 문자 '끼푸(quipu)'의 실체를 직접 보도록 전시해 놓았다는 것이다. 잉카 점령 이후에 만든 것으로 추정되는 거대한 목걸이처럼 생긴 실의 매듭 뭉치를 하얀 천에 가지런히 펼쳐 놓았다. 끼푸는 잉카의 문자로 지금은 해독할 수 없는 신비의 문자가 되어 버린 매듭 문자이다.

대부분 지역이 건조기후인 페루에서 요즈음도 약 천 년 전에 만든 것으로 추정되는 끼푸가 발견되고 있으나 그 해독은 불가능한 일이라고 한다. 참으로 안타까운 일이 아닐 수 없다. 안데스 문명의 꽃인 잉카 문명은 끼푸라는 훌륭한 매듭 문자가 있었다. 나무가 자랄 수 없는 안데스에서는 넓은 목판을 만들 수가 없다. 그래서 손으로 넓은 판 위에 써야 하는 그림 문자나 형상 문자는 발전되지 않고 안데스의 자연환경에 맞는 소재인 야마나 알파카 털실로 매듭을 지어 만든 문자인 끼푸가 발달하게 되었다.

서구에서도 왕권이 강화되는 중세시대에는 일부 특권층 사람만이 문자를 독차지했던 것과 마찬가지로 잉카제국에서도 끼푸 문자는 제사장이나 무속인이라는 일부 소수의 사람만이 기록하고 읽을 수 있었다. 하지만 스페인 정복 초창기 시절 잉카의 정신세계를 이어오던 제사장과 무속인들은 가톨릭 신성을 모독한다는 죄명을 씌워 모조리 죽여 버렸다. 그 바람에 매듭 문자를 해독할 수 있는 사람의 대가 끊어진 것이다. 만약 끼푸 매듭 문자를 지금 해독할 수 있다면 잉카와 안데스 문명만이 가지고 있는 신비한 기술들이 우리 사회에 어떤 도움을 줄 수도 있었을 텐데 아쉬운 생각이 든다.

마지막 전시실인 제3의 원형 전시실은 그야말로 이 박물관의 하이라이트라고 하지 않을 수가 없다. 발견된 미라 200여 구가 3단의 나무 선반 위에 발굴 당시 모습 그대로 전시되고 있었다. 죽 둘러보니 미라들의 보존 상태가 놀랄 만하다. 대부분의 미라가 흰 천으로 싸여 있는데 머리 부분에는 얼굴을 동그랗게 그리고 눈, 코, 입을 그렸다. 몇 개의 미라들만 유골이 드러나 있는데 모든 미라의 자세는 태어나기 전 어머니 배 속에서 취하고 있던 자세와 똑같다. 즉 두 무릎을 오므려 가슴에 붙이고 팔은 교차시켜 얼굴 앞에 둔 채 쪼그려 앉은 자세이다. 이 세상을 하직하고 저세상으로 돌아갈 때의 자세는 처음 태어나기 직전의 자세와 똑같아야 올바로 돌아간다는 믿음이라도 존재했던 것일까?

유골이 드러난 몇 개의 미라는 소름이 끼칠 정도의 모습이

레바쉬 무덤마을

다. 입을 벌려 하얀 이빨이 그대로 드러난 채 두 손으로 얼굴을 감싸는 고통과 공포가 뒤섞인 자세를 취하고 있다. 마치 죽을 때의 고통스러운 실제 모습을 보는 것 같아 숙연하고도 섬뜩한 마음이 든다. 가장 섬뜩한 것은 어린아이가 아니면 체구가 작은 여자의 것으로 추정하는 미라인데 얼굴을 감싸 쥔 손

박물관 미라

가락 사이로 나를 빤히 쳐다보는 듯한 눈동자를 가졌다. 얼마
나 보존 상태가 훌륭한지 동공이 마치 살아 있는 듯하여 등골
에 오싹한 전율이 스친다. 두개골만 모아 놓은 선반도 있는데
놀랄 만한 것은 두개골 모두가 상부에 구멍이 나 있다는 것이
다. 죽을 때 입은 상처의 구멍으로 추정한다는 설명도 함께 전
시되어 있다. 어른 팔뚝처럼 아주 작은 미라도 있는데 젖먹이
의 미라인 것 같다.

열람을 마치자 부속건물에 마련된 자그마한 카페가 나온다. 커피를 한 잔씩 주문했다. 커피를 건네주며 박물관 직원인 듯한 사람이 정원과 뒤뜰에 이곳 특산종인 열대 난 종류와 식물들 그리고 나무들을 심어 놓았으니 구경해도 좋다고 일러준다. 커피를 들고 정원으로 나가 둘러본다. 3개의 둥근 벽체 전시실 건물과 기둥과 지붕으로만 되어 있는 연결 통로와 부속 건물들이 만드는 중앙 공간에 정원을 만들어 놓았다. 신기한 식물들이 많았고 여태껏 한 번도 보지 못한 신기한 붉은 꽃들을 달고 서 있는 나무가 인상 깊게 다가온다.

돌아가는 버스 안에서 오늘 보았던 부덤과 유물들을 돌이켜 생각해 보려고 했으나 나를 빤히 쳐다보던 그 미라의 눈길이 자꾸 뇌리에 떠올라 다른 생각을 할 수가 없다. 그 어린아이는 어떤 아이였으며 아직 어린데 왜 유명을 달리했고 그렇게 생생한 미라로 남게 되었을까? 나와 눈을 마주치는 것은 나에게 전하려는 어떤 의미가 있었다는 말인가? 그러면 그 의미는 무엇일까?

나에게는 두고두고 결코 잊지 못할 광경이 될 것만 같다.

끼옥타 동굴과 까라히야 석관 무덤

　전날 밤에 독성이 있다는 말을 깜빡 잊고 '삐따하야(용과)'를 맛이 좋아 2개를 연달아 먹었더니 아침에 설사가 난다. 약국에 가서 약사에게 자초지종을 말하니 시간이 지나면 나을 것이지만 여행 중이니 불편함을 빨리 없애기 위해 약을 먹는 편이 더 낫겠다고 한다. 여자 약사가 빙그레 웃으면서 해독제와 지사제를 함께 준다. 그래도 빵과 끼누아 죽으로 아침을 든든히 먹고 투어를 떠난다. 다시 우뜨꾸밤바강 계곡으로 내려간다. 그리고 이번에는 전과 달리 북쪽 하류로 방향을 튼다.

　루야 읍을 지나고 북쪽으로 계속 올라가니 '라무드(Lamud)' 면이라는 넓은 구릉에 마을들이 흩어져 있는 분지가 나오고 그 남쪽을 스쳐지나 왼쪽 낮은 언덕으로 올라간다. 마침내 길옆 평평한 야외 공지에 차가 정차하는데 둘러보니 주변은 온통 감자밭과 노란 꽃이 만발한 이름을 알 수 없는 작물의 밭이다. 멀리 건너다보니 뭉긋한 구릉들이 이어지는 사이사이에 마을과 집들이 듬성듬성 보이고 재배하는 작물마다 색깔이 다른 밭들은 마치 예술작품을 보는 것 같다. 커다란 표지판에 '끼옥타 동굴(Quiocta Caverna)'이라고 적혀 있다. 가이드를 따라 감자밭을 지나 절벽 아래로 난 길을 내려가니 높은 유칼립투스 나무 사이로 차차뽀야 지역의 전형적인 집 형태인 원형 벽체에 원뿔 지붕을 한 매표소 건물이 나온다. 그리고 매표소 맞은편 절벽 아래에 돌담으로 높게 막아 놓고 출입문을 만든 커다란 동굴 입구가 나온다.

　깊은 고무장화를 신고 손전등 하나씩 들고 동굴로 들어간다. 동굴은 상당히 넓고도 높으며 깊은 것 같다. 가이드가 손전등을 비추며 앞장선다. 손전등을 비추는 동굴 벽 높은 선반 같은 곳에는 사람의 두개골과 뼈들이 심심찮게 나온다. 이곳은 차차뽀야 주민인 이곳 사람들이 조상들의 미라를 보관하는 무덤의 일종이었던 모양이다. 깊숙이 들어오니 바닥은 진흙탕으로 변한다. 석회암 동굴의 전형적인 주름진 벽과 돌고드름이 달린 천장이 나오고 주름진 장막처럼 드리워진 종유석도 있다. 가장 절경인 곳에서 여러 개의 손전등을 비추며 사진을 찍는다. 가장 특이한 것은 동굴 바닥에서 똑바로 솟아난 키가 아주 큰 석순이었다. 가는 전봇대 굵기의 석순이 5m가 족히 넘는다. 석순이 이 정도의 크기로 자랐다는 사실은 엄청난 시간의 흐름을 말해주는 게 아니겠는가?

끼옥타 동굴 관람을 마치고 '까라히야(Krajia)' 석관 무덤을 보러 갔다. 1470년 잉카가 차차뽀야를 침공하기 직전에 만든 것으로 추정되는 까라히야 석관 무덤은 차차뽀야 문명 지역에서도 아주 독특한 무덤 양식으로 고고학적인 가치가 높아 2010년도에 페루 정부가 1sol짜리 동전을 주조하면서 이 석관상을 새겨 넣을 정도로 페루인들이 귀중하게 여기고 있는 유적이라고 한다. 레이메밤바 박물관에 전시된 설명에 의하면 나뭇가지를 얽어 뼈대 모형을 만들고 그 위에 진흙과 마른 풀을 섞어 발라 사람 모형처럼 만든 약 2.5m 높이의 점토로 된 입석 관이다. 접근이 워낙 어려운 곳에 위치되어 무덤인지 모르고 있다가 1928년 큰 지진이 일어났을 때 까마득한 절벽 중간에서 사람 모형의 점토 조각상 한 개가 계곡 아래로 떨어져 조사해 보니 미라를 넣었던 8개의 석관 중 한 개로 밝혀졌다. 주민들의 입으로 전해 내려오는 전설에 의하면 죽어서도 자손들을 멀리서 바라보며 지켜주는 '푸룬마추(purunmachu)'형 무덤으로 차차뽀야 문명을 대표하는 가장 중요한 현자들의 무덤이라고 한다.

버스는 '루야' 시가지 남쪽 끝에서 서쪽으로 방향을 바꾼다. 조그만 계곡을 따라 한참을 올라가서 '꼬헤찬(Cohechan)'이라는 마을을 지나 다시 꼬불꼬불 얼마간 올라가니 까라히야의 거점 마을인 '크루즈빠따(Cruzpata)'에 도달한다. 여러 마리의 말과 함께 동네 아낙과 어린이들이 길가에 도열해 서 있다. 여기서는 경사가 심한 계곡을 내려가야 하니 말을 타고 가는 편이 더 낫다고 한다. 왕복 40sol에 말을 빌렸다. 말에 오르자 마을 아낙이 말고삐를 잡고 아래로 내려간다. 지그재그로 난 오솔길을 조심스레 15분간 내려오자 절벽의 중간쯤에 다다른다. 커다란 '까라히야' 팻말과 함께 조그만 공터가 나오고 말들이 묶여 있다. 여기서부터는 말에서 내려 한 10분간 걸어서 가야 한단나.

계곡 바닥으로 내려가는 지그재그의 길과 헤어져 깎아지른 듯이 아찔한 절벽 중간으로 좁은 오솔길이 나 있다. 오른쪽은 나무로 만든 난간 너머 낭떠러지이고 왼쪽은 암벽이다. 암벽에는 붉은 용설란 종류가 가득 붙어있다. 조금 들어가니 좌측 45도 각도의 시선이 닿는 절벽 중간에 6개의 사람 모형의 석관이 일렬로 서 있는 게 보인다. '사람이 어떻게 저곳에 올라갈 수가 있었을까?'라는 의문점이 제일 먼저 드는 그런 장소이다. 모두가 사람 모형이지만 팔다리 구분이 없고 몸통에 머리가 붙은 형상이다. 모두가 동쪽을 향하여 오래전부터 이 지방 사람들의 마을이 있었던 루야 읍을 바라보고 있다. 얼굴 턱선을 과장하게 만들어서 커다란 턱이 칠레 '이스터(Easter)'섬의 거대한 '모아이(Moai)' 석상과 닮았다는 점이 특이하다.

흰색 바탕에 목 부분으로 추정되는 곳에는 6개가 모두 한결같이 붉은 물감으로 세로줄을 그렸고 몸통에는 각각 신분과 성에 따른 무늬를 그려 놓았는데 가장 오른쪽의 석관 상이 가장 굵고 몸통의 상부 깃털 무늬도 두 줄로 그린 것을 보면 꾸엘랍을 완공한 위대한 성주의 것이 아닌가 하는 추측을 해 볼 수 있다고 한다. 오른쪽 3개의 상은 몸통 하반부에 남자의 성기를 상징하는 그림을 그렸고 4번째 상은 여성으로 추측되는 상징을 그린 것으로 추정하는데 훼손되어 일부분만 알아볼 수 있다. 그래서 학자들은 여성이라 추정하고 있다고 한다. 남쪽 잉카 문명에서 여성의 역할이 아주 미미했던 것과 대조적으로

끼옥타 동굴 표지

석회암 커텐

차차뽀야 문명에서는 남녀평등 사회는 아닐지라도 여성의 역
할이 상당한 비중을 차지했었다는 증거라고 학자들은 판단한
다. 아주 특이한 것은 3번째와 5번째의 석상은 머리에 사람 두
개골을 얹어 놓았다. 아마도 전쟁 시 커다란 공을 세운 전사들
이 아닌가 하는 해석이 가장 유력하다고 한다.

　다시 말을 타고 마을로 올라가면서 생각해 본다. 15세기까
지 독자적인 문명으로 잘 발달해온 차차뽀야 문명이었는데 잉

까라히야 석관 무덤

카의 침략과 바로 뒤이은 스페인 정복자들의 정복으로 인해
차차뽀야 지역의 인구 대다수가 전쟁과 전염병으로 죽고 살아
남은 극소수의 사람들은 밀림으로 들어가 흩어져 그들의 문
명은 16세기에 지리멸렬되어 대가 끊어지고 지금은 신비의 문

명으로 일컬어지고 있다고 한다. 이유가 뭘까? 조상의 무덤을
제대로 보존하지 못한 업보를 받았던 것인가? 차차뽀야 문명
은 그들의 주검을 미라로 만들어 쉽게 찾지 못하는 곳에 안장
함으로써 죽은 자에게는 영면을, 후손에게는 영적인 보호를
도모했던 것 같다. 하지만 많은 도굴꾼과 고고학자들에 의해
그들 조상의 무덤들이 훼손당하고 유린당하는 비참한 일들 때
문인지 차차뽀야 문명은 사라지고 그 흔적들만 남아있다.

세계에서 3번째로 높은 곡타 폭포

사흘간 이어진 투어가 피곤하기도 했거니와 아내가 감기인지 고열로 몸 상태가 좋지 않았다. 하루를 푹 쉬었으나 아내의 열은 내리지를 않았다. 곡타 폭포 투어를 예약한 날이기에 아무래도 아내의 투어 예약은 취소하고 혼자 투어를 가야만 할 것 같다. 아내가 다소 걱정이 되지만 아내가 홀로 호텔에서 쉴 테니 걱정하지 말고 다녀오라고 한다. 어지간한 곳이면 투어를 포기하고 아내 옆을 지킬 일이지만 이곳은 평생에 한 번 오기가 힘든 곳이기에 오늘 곡타 폭포를 보지 못하면 영영 보지 못할지도 모른다는 절박한 생각에 해열제와 감기약을 먹었으니 오늘 하루 더 쉬면 나을 것이라는 아내의 말을 믿어 보기로 했다.

곡타 폭포는 베네수엘라에 있는 앙헬 폭포(Angel, 972m) 그리고 남아프리카에 있는 투겔라 폭포(Tugela, 948m) 다음으로 높은 895.4m 높이를 자랑하는 세계에서 3번째로 높은 폭포이다. 주변에 사는 원주민들은 그 존재를 오래전부터 알고 있었으나 세상에 널리 알려진 것은 얼마 되지 않았다고 한다. 2002년 독일인 '스테판 찌멘도르프(Stefen Ziemendorff)'가 원주민의 이야기를 듣고 그곳을 답사하고 난 뒤에 세계에서 제일 높은 폭포로 매스컴을 통해 처음 세상에 알렸다고 한다. 2006년에 국제 지질 조사단체에서 정확한 측량을 위해 답사하고 난 뒤부터 매년 수천 명의 관광객이 찾는 유명지가 되어 관광 수입이 주민들의 주요 소득원이 될 정도로 페루의 대표적인 관광지가 되었다.

곡타 폭포가 최근에야 세상에 알려지게 된 가장 큰 이유는 원주민 사회에 퍼져 있는 곡타 폭포에 깃든 이런 민간전설 때문이라고 한다. 곡타 폭포에는 아주 오랜 옛날부터 금발의 처녀 영령이 황금 항아리를 가지고 살고 있는데 그 황금 항아리를 보호하기 위해 폭포의 존재에 대해 발설하는 사람과 폭포 가까이에 접근하는 사람에게 저주를 내린다는 전설이 있다고 한다. 특히 폭포 밑에는 그 처녀 귀신을 지키는 거대한 뱀이 살고 있다고 하는데 폭포 밑으로 갔다가 실종된 원주민이 가끔가다가 나온다고도 한다. 1년 전에 한 한국 청년이 위쪽 폭포를 도보 답사하던 중 실족으로 떨어져 사망했다는 뉴스를

들은 적이 있는데 이것도 그 전설과 무관하지 않다는 느낌이 든다. 그래서 나는 비교적 안전하며 폭포의 전경을 잘 관망할 수 있는 아래쪽 답사를 선택하기로 했다.

50분 정도 말을 타고 가니 산비탈에 작은 공터가 나오고 풀을 뜯는 말 몇 마리가 보이자 이제부터는 걸어서 가야 한단다. 걸어서 얼마 가지 않아 마지막 관문인 듯 문이 하나 나온다. 세속에 찌든 인간이 경외심을 갖고 만나야 하는 존재나 장소에는 으레 관문이 있기 마련이다. 이곳도 속세의 번잡했던 마음을 추스르고 경건한 마음으로 통과해야만 하는 마음의 여과장치로 문을 만들어 놓은 게 아닌가 생각된다. 잠시 두 눈을 감고 명상에 잠긴다. 그리고 장엄한 자연을 알현하게 됨을 감사하는 기도를 드린다. 두 기둥을 자연석으로 쌓아 굵게 만들고 나무로 된 대들보와 서까래에 지붕을 풀로 이었는데 지붕에는 이끼와 낮은 풀이 자라고 있어 이곳이 습도가 높은 지역임을 말해준다. 갈수록 나무가 점점 더 울창한 숲으로 바뀐다. 울창한 나무 사이로 보이는 곡타 폭포는 정말 장관이었다. 이렇게 높은 폭포를 내 생에 본 적이 있었던가?

폭포 낙수 지점에 많이 근접했는지 이제는 위쪽 폭포는 보이지 않고 아래쪽 폭포만 보인다. 커다란 폭포가 내뿜는 습기로 인해 나무마다 줄기와 둥치에 이끼 종류와 착생 식물들이 자라고 있어 기괴한 느낌마저 든다. 산사태가 나 겨우 길을 만

곡타 폭포

들어 한 사람이 겨우 지나갈 정도로 좁은 길도 있고 급경사 내
리막길도 있어 왜 말을 타고 가지 말라고 했는지 이해가 간다.
빽빽하게 들어찬 숲을 벗어나니 갑자기 시야가 확 트이며 멀
리 하얀 물이 부서지며 내리는 검은 절벽 아래 모여 있는 사
람들이 개미처럼 작게 보인다. 오솔길을 따라 물보라를 얼굴
로 느끼며 폭포 밑에 다다랐다. 이곳은 너무 습도가 높고 주위
의 높은 절벽 때문에 태양광선도 짧은 시간 동안만 겨우 들어
오는 곳이라 식물이 자랄 수가 없는 지역인가 보다. 폭포 낙수

지점 부근은 군데군데 이끼 종류만 보일 뿐 나무와 풀이 없는 돌무더기로 덮여 있다.

폭포의 물은 떨어지는 것이 아니라 부서져 내린다고 표현해야 할 것 같다. 부서진 하얀 물 가루가 흰 밀가루의 형상으로 파도치듯 떨어진다. 아니, 눈부시게 흰 비단 폭을 하염없이 늘어뜨리고 있다고 표현해야 할까? 절벽이 높고 지형도 말발굽 형태로 삼면이 가로막혀 떨어지는 폭포의 힘찬 낙하로 말미암아 소용돌이 바람이 생기는 모양이다. 거대한 소용돌이 바

곡타 폭포 낙수 모습

곡타 폭포 가는 길목의 관문

람이 부서진 물 가루를 날리니 팔방에서 비가 내리는 것 같다. 우의를 입었으나 이내 옷이 다 젖어 버린다. 휘몰아치는 바람과 물방울에 옷이 젖는 것도 문제이지만 여기서는 딱히 감상할 만한 경치가 없다. 그냥 검은 직벽만 앞을 가로막고 서 있다. 폭포 낙수 지점에 생기는 소도 그렇게 깊지 않다. 떨어지는 물의 에너지가 모두 공중으로 분산되어 깊은 소를 만들지 못하는 것 같다. 전체적인 느낌은 스산하다. 폭포에 살고 있다는 전설의 금발 처녀 영령 생각에 등골이 오싹해지며 그곳을 빨리 벗어나고 싶다는 느낌뿐이었다. 사진을 몇 장 찍고 왔던 길을 되돌아간다.

그리움만 커지는 까하마르까

　마지막 여행객의 늦은 귀환 때문에 관광버스는 캄캄한 저녁 8시가 다 되고 나서야 차차뽀야 아르마스 광장에 도착할수 있었다. 아내가 걱정되어 호텔로 서둘러 갔더니 아니나 다를까 아내의 몸 상태는 회복된 것이 아니라 더 심각해진 것 같다. 열이 펄펄 나고 하루 내내 설사로 거의 탈진 상태였다. 아내의 말이 아무래도 식중독인 것 같다고 한다. 모케과에서 식중독에 걸렸던 증상과 비슷하다고 하는데 증세가 심해서 약국의 약으로는 치료되지 않고 병원에 가서 약과 함께 링거 주사를 맞아야 탈수 현상도 회복하고 치료도 빨리 될 것 같단다. 하지만 한밤이라 병원들이 모두 문을 닫았다. 아내가 내일 아침까지 잘 견뎌 줄지 걱정이 되었다.
　뜬눈으로 밤을 지새우고 병원 문이 열리자마자 호텔 프런

트에 물어 가장 가까운 개인병원을 찾아갔다. 아르마스 광장에 인접한 '까르멘 동정녀 중앙병원(Centro Medico Virgen del Carmen)' 내과 의사에게 진료를 받았다. 미리 찾아 준비한 스페인어 의학 전문 단어로 적당한 소통이 가능했다. 의사도 식중독이라는 진단을 하고 5~6시간 동안 치료제와 함께 링거액을 맞아야 한다며 조금 떨어진 입원 병상으로 이동해야 한단다. 외국인이라 길이 생소할 것이니 안내를 하겠다며, 걸쳤던 가운을 벗고 따라나선다. 광장으로 나와서는 택시를 잡아 손수 택시비까지 지불하고 병상이 있는 클리닉으로 이동했다. 클리닉에 와서 직접 처방을 써놓고 간호사에게 무언가를 지시하고 2시간 후에 다시 오겠다며 병원으로 돌아간다. 페루에서는 여태껏 한 번도 보지 못했던 의료행위이다. 무척 친절하고 자기 일에 최선을 다하는 의사인 것 같다. 링거 주사를 맞으니 통증도 완화되고 속도 편해졌는지 아내는 이내 곤히 잠이 들었다.

애초 여행계획은 지리적인 험난함 때문에 외부의 침략을 받지 않고 15세기 중반까지 독자적인 문명을 꽃피워 온 차차뽀야 문명을 최초로 점령한 잉카의 군대가 들어온 길을 따라 태평양 연안으로 나가는 여정이었다. 안데스 산중 깊숙한 곳에 자리한 소도시 '쎌렌딘(Celendin)'에서 하루를 묵고 그다음 날 안데스의 다른 한줄기 서쪽 산맥을 넘어 유서 깊은 잉카의 도시 '까하마르까(Cajamarca)'에 도착할 작정이었다. 이 길은 페루 안데스의 북부 지역의 빼어난 풍광도 하나의 볼거리이지만 역사적인 의미가 깊은 길이기에 놓치기가 무척 아까운 길이기도 하다.

쎌렌딘은 잉카의 차차뽀야 침공에 있어서 기념비적인 장소이다. 1475년에 잉카의 황제 '투팍 잉카 유팡키(Tupac Inca Yupanqui)'가 차차뽀야를 최초로 점령했다. 하지만 다음 잉카 황제인 '와이나 카팍(Huayna Capac)' 통치 시절에 차차뽀야인들은 반란을 일으켜 잉카 주둔군의 책임자와 관리들을 모조리 살해하고 노예로 만들었다. 그 당시 현 에콰도르 지역의 '까나리(Canari)'족을 평정하고 그곳에 머물고 있었던 와이나 카팍 황제는 평화적으로 문제를 해결하려고 사신을 보냈다. 하지만 황제가 보낸 사신마저도 죽여 버리자 이에 화가 난 와이나 카팍은 몸소 대군을 이끌고 차차뽀야 정벌에 나선다.

안데스의 한줄기 서쪽 산맥을 넘고 쎌렌딘에 도착했을 때 와이나 카팍은 차차뽀야에서 온 일련의 여자 사절단을 만나게 된다. 그 여자 사절단의 대표는 다름이 아닌 와이나 카팍의 부왕인 투팍 잉카 유팡키 황제가 차차뽀야 정복 시절 함께 지냈던 애첩이었다고 한다. 부왕의 애첩인 사절단의 대표가 차차뽀야인들에 대한 용서와 자비를 구하자 이를 어여삐 여겨 대대적인 살육을 자행하지 않겠다는 약속을 하고 성스러운 약속의 징표로 그 회담 장소를 인간뿐만 아니라 어떤 살아 있는 동물도 출입하여 더럽히지 않도록 돌로 쌓아 성스러운 장소로 만들 것을 지시했었다고 한다.

차차뽀야로 진격한 와이나 카팍은 약속대로 대대적인 살육을 자행하지 않는 대신에 잉카의 제도인 '미따(mita, 18세부터 50세가 될 때까지 황제를 위해서 1년간 노동력을 제공해야 하는 강제 복역 제도)'를 차차뽀야 주민들에게 적용하고 대다수 주민을 페루 남부 쿠스코 주변 지역으로 이주를 실행하고 주둔군을 강화하여 반란의 위험을 근본적으로 해결하려 했다. 하지만 차차뽀야의 지도자들은 아마존밀림 지역으로 잠시 내려가 피신해 있다가 기회가 되면 올라와서 말썽을 일으켜 잉카 황제의 골칫거리가 되었다고 한다. 그만큼 차차뽀야의 사람들은 남의 지배를 싫어하고 독립성이 강한 종족이었다. 그 사람들의 일부가 밀림 깊숙한 지점으로 들어가 스페인 식민지 기간 내내 스페인 정복자들에게 굴복당하지 않고 독립을 유지하며 살아남은 남미 식민지사에 전설과 같은 밀림 속의 전사로 서방세계에 알려진 아구아루나(agualuna)족이 되지 않았겠는가 유추해 볼 수 있다.

쿠스코 주변에 차차뽀야 주민들의 이주 마을이라고 여길 만한 곳이 여러 군데 있으나 가장 특이한 곳은 요즘 트레킹 관광 코스로 세계의 젊은이들에게 제2의 마추픽추로 주목받는 아푸리막강 협곡 깊숙한 곳에 자리한 돌 유적지 '초께끼라오(Choquequirao)'라고 한다. 돌 쌓는 방식으로 봐서 차차뽀야 주민들의 솜씨라고 학자들은 보고 있다. 그래서 그곳이 차차뿐야 주민들의 가장 성스러운 종교시설이었을 것이라고 판단되고 있다.

쎌렌딘에서 1박을 하고 넘어갈 곳이 안데스산맥의 서쪽 중턱 해발 2,750m에 자리한 까하마르까인데 '잉카 황제의 목욕탕(Baños del Inca)'이 있는 곳으로 이곳 역시 역사적으로 아주 의미가 깊은 지역이다. 잉카의 마지막 황제인 '아투왈파(Atuhualpa)'가 배다른 형제인 '와스까르(Huascar)'와의 왕위쟁탈전의 마지막 전투인 쿠스코에서 자기가 보낸 장군이 승리를 거두었다는 소식을 듣고 피곤해진 심신을 달래려고 온천이 많은 까하마르까를 방문하여 휴식하던 중 마침 그 인근에서 진을 치고 기회를 엿보고 있었던 스페인 정복자 프란시스코 피자로의 기만술에 속아 스페인 군대에 사로잡혀 포로가 됨으로써 스페인 남미 정복의 시발점이 된 장소이다. 까하마르까에는 잉카 황제의 목욕탕 유적지뿐만 아니라 '황제의 몸값으로 금을 가득 채운 방(Ramsom Room)'으로 유명한 유적 등 잉카 시대의 유적지가 많이 있기도 하거니와 스페인 정착민들이 가장 먼저 거주한 도시이기에 17세기에 지은 유서 깊은 가톨릭교회들이 많다. 그래서 페루에서 꼭 가보고 싶은 도시 중의 하나였는데 안타까움을 금할 길이 없었다. 가보지 못한다고 생각하니 그리움이 더욱 커진다. 곤히 잠든 아내를 바라보며 지금은 아내의 건강을 최우선으로 삼고 이곳은 훗날을 기약해야 할 것 같다.

2시간이 지나자 의사가 와서 중간 확인을 하고 2병째 링거를 갈아주고 오후 5시쯤 다시 오겠다며 돌아간다. 조금 원기를 되찾은 듯해서 아내의 의견을 물어보니 하루라도 빨리 집에 돌아가고 싶단다. 하지만 북쪽으로 너무 멀리 온 탓에 일단 수도 리마로 가야 할 것 같다. 가장 빠른 교통편을 간호사에게 물었더니 치끌라요로 9시간 버스를 타고 가서 항공편을 이용해 리마로 가는 게 가장 빠른 방법이라고 한다. 덧붙여 야간 버스를 타면 아침에 도착하니 가장 편안한 방법이라고 귀띔해 준다. 점심 요기를 하러 가면서 아르마스 광장에 위치된 장거리 버스 전문회사인 '모빌(Movil)' 대리점에서 치끌라요행 밤 8시 버스표를 예매했다.

그렇게 우리는 차차뽀야를 떠났다. 다행히 장거리 버스는 침대로 전환이 가능한 좌석이라 매우 편안했다. 버스는 다시 우뜨꾸밤바강으로 내려간다. 잠든 아내의 이마를 만져 보니 다행히 열은 오르지 않는다. 밀림의 도시 따라포또에서 출발해 모요밤바를 거쳐 차차뽀야로 들어올 때 지나쳤던 갈림길인 뻬드로 루이스를 지나는 것 같더니 어딘지도 모르는 어둠 속으로 버스는 잘도 간다.

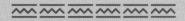

치끌라요

영웅의 도시 치끌라요

　아내의 갑작스러운 식중독 발병으로 계획에도 없었던 낯선
도시 '치끌라요'에 오게 되었다. 낯선 곳을 여행하는 사람은
자투리 시간도 무척 아까운 법이다. 내일 아침 리마행 비행기
가 예약되어 있고 아내의 건강도 다소 회복된 것 같아 오늘 하
루는 시내를 둘러보기로 했다. 중심 광장(Parque principal)에 자리
한 '성 마리아 대성당(Cathedral de Santa Maria)'을 방문했다. 대도시
의 성당다운 규모로 상당히 크고 깔끔하게 단장이 되어 있다.
마침 이틀 후 '프란시스 교황(Pope Francis)'이 여기서 가까운 페루
북부의 대도시 '뚜루히요(Trujillo)'를 방문하기로 예정되어 있
어서 그런지 오늘이 목요일인데도 성당엔 많은 사람이 들락
거리고 성당 문 앞에 교황의 대형 사진이 실물 크기로 세워
져 있다.

프란시스 교황의 실물 크기의 대형 사진 옆에서 아내는 기념사진 찍는다고 야단을 뜬다. 가톨릭 신자인 아내는 교황이 반갑고 감동적일지 몰라도 안데스 원주민들은 교황의 방문을 어떻게 생각할까? 프란시스 교황은 페루에 오기 전에 칠레 남부의 '떼무코(Temuco)'라는 도시에 들렀다. 교황청 관리들은 교황이 그 도시를 방문하는 것을 적극적으로 반대했다고 영국 BBC 방송은 보도했다. 이유는 오랜 세월 동안 가톨릭과 갈등을 빚어온 그곳 원주민 '마푸체(mapuche)'족의 테러 때문이라고 한다. 교황이 도착하기 불과 며칠 전까지 4개의 가톨릭 성당과 산림 경영 회사의 헬기 3대가 사제폭탄에 의한 테러를 당했다고 한다. 백인이 주도하는 칠레 정부와 칠레 안데스 원주민인 마푸체족과의 갈등은 그 시작이 16세기 스페인의 남미 정복 시기까지 거슬러 올라가는 수백 년 지속되어 오는 갈등으로 이번 테러도 그 연장선 위에 놓여 있다. 갈등의 주된 요소는 토지소유권과 마푸체족의 언어인 '마푼둥건(Mapundungun)'과 전통문화를 자기들 후손에게 교육할 수 있도록 공식적으로 인정해주는 것이라고 한다. 우려와는 달리 교황 방문 시 아무런 일도 일어나지 않아 다행이었다.

교황의 방문을 계기로 가톨릭교회와 안데스 원주민과의 관계를 다시 한번 생각해 본다. 남미 최초의 정복자 '프란시스코 피자로(Francisco Pizarro)'와 동반한 '루케(Ruque)' 신부가 하나님을

민으로라고 권유하면서 건넨 성경책을 잉카의 마지막 황제 '아투왈파(Atuhualpa)'가 불경스럽게 땅바닥으로 집어 던지면서 시작된 스페인의 남미 정복 전쟁 그리고 이후 3백 년 동안 지속된 식민통치 기간 가톨릭교회는 남미 원주민 부족들에게 너무나 많은 몹쓸 짓을 저질러 왔다. 그것도 하나님의 이름과 가톨릭 전파라는 미명을 내세우며 저지른 만행이라서 더욱더 끔찍스럽다. 남미를 여행하고 그 속을 깊이 들여다본 사람은 누구나 다 알 것이다. 그런데 그런 폐해에 따른 갈등들이 현재까지도 진행되고 있다니 놀랄 만한 일이다.

이런 만행에 대해서 침묵하고 있던 가톨릭은 금세기에 들어서야 교황들의 남미 방문 때 지난날 가톨릭교회의 잘못에 대하여 여러 번 남미 원주민에게 사과의 말을 해왔다. 그러나 남미 가톨릭교회가 정복 군대들의 무자비한 살육에서 원주민들을 보호했다고 말하며 남미 가톨릭교회를 두둔하는 발언과 함께 던지는 석연치 않은 사과여서 오히려 원주민들의 비난만 불러일으켰다. 하지만 최초의 남미 출신인 현재 교황 '프란시스'는 달랐다. 남미 가톨릭교회가 저지른 지난날의 잘못을 분명히 죄로 인식하고 사과의 말을 넘어 용서를 구한다고 최초의 볼리비아 원주민 대통령 '에보 모랄레스(Evo Morales)'와의 2015년 면담에서 말했다. 하지만 가톨릭이 진정한 용서를 받기 위해서는 볼리비아 원주민 대표가 그들의 분노를 비유로 들어 설명하는 다음 말을 잘 들어보아야 한다.

"이 세상 어느 누가 자기 부모를 죽이고 땅과 신전까지 빼앗아가는 사람들을 쉽게 용서할 수 있겠는가? 말로 용서를 구하기 전에 먼저 조상들로부터 물려받은 우리의 땅과 신전부터 돌려줘야 할 것이다."

또한 페루 쿠스코의 한 원주민 대표는 이렇게 말한다.

"가톨릭은 우리의 태양 신전을 빼앗고 부수고 그 토대 위에 자기네들의 신전인 성당을 지은 후에 지금은 우리 조상의 유적으로 관광객들로부터 입장료를 받아 막대한 돈을 챙기고 있나. 시금도 안데스 원주민은 가난과 굶주림으로 죽어가고 있는데."

참으로 난해한 일이 아닐 수 없다. 하지만 안데스 원주민들의 고통스러운 가난을 해결하려는 실제적인 어떤 행동을 로마 교황청이 보여줘야 할 때가 된 것 같다. 페루, 볼리비아, 칠레의 가톨릭교회가 아직도 소유하고 있는 토지들을 지역 원주민들에게 돌려주도록 교황청에서 적극적으로 중재하고 나서야 한다. 그리고 교황청의 주도로 전 세계 가톨릭 신자들의 모금을 받아서 안데스 원주민을 돕는 일도 하나의 방법이 될 수 있다. 특히 식민지에서 막대한 부를 가져간 스페인 가톨릭 교구에서는 책임을 통감하고 재정적으로 돕는 일에 발 벗고 나서야 하지 않겠는가? 말로만 용서를 구할 것이 아니라 제정이 수반됨으로써 안데스 원주민을 실질적으로 돕는 사업들이 차근차근 지속될 때 그들의 분노는 흙탕물의 앙금이 서서히 가라앉듯이 천천히 해소될 것이다. 안데스의 속살 지역을 여행하면서 목격했던 안데스 원주민들의 가난에 찌든 비참한 삶의 모습들이 자꾸 눈에 아른거린다.

치끌라요는 페루 북부의 '람바예께(Lambayeque)'주의 주도이며 인구 97만 명으로 페루에서 4번째로 큰 도시이다. 처음 16세기에 가톨릭 수도 단체인 프란시스코 수도원의 설립을 시작으로 건립된 도시이다. 페루 독립 전쟁 당시 페루의 다른 도시에서는 엄두도 내지 못하고 있었으나 치끌라요 시민들은 아르헨티나의 독립 영웅 '싼 마틴(San Martin)' 장군에게 전쟁 물자와 무기, 말 그리고 지원병까지 지원함으로써 페루 독립의 완성에 크게 이바지했다. 그 공로를 인정하여 1835년 4월 15일 그 당시 대통령이었던 '펠리페 산티아고 살라베리(Pelipe Santiago Salaberry)'가 '영웅의 도시(Heroic ciudad)'로 인정하여 공표된 도시이기도 하다. 요즘은 '북쪽의 진주(Peria del Norte)' 혹은 '우정의 수도(Capital del Amistad)'라는 별칭을 갖고 있을 정도로 페루에서 주목받는 도시 중의 하나이기도 하다.

안데스 고원지대와 달리 아열대의 더운 도시답게 오후 저녁 시간의 도심 거리는 무척 붐빈다. 강렬하던 태양이 수그러들자 답답한 실내를 피해 모두 거리로 나오는 것 같다. 오래간만

성당 내부

중심부

치끌라요 전통 쿠키 킹콩

에 붐비는 거리에서 아내와 오붓한 저녁 시간을 보낸다. 부산
한 도심의 거리에서 사 먹은 아이스크림 그리고 커피와 함께
먹은 치끌라요 전통 쿠키 '킹콩(kingkong)'의 맛은 평생 잊을 수
없을 것 같다.

치끌라요 시내 투어

우연일지라도 이곳에 발을 들여놓은 이상 최대한 많은 곳을 경험해보고 떠나는 것이 맺어진 장소 인연을 소중히 여기는 여행자의 도리가 아닐까? 치끌라요 시 서북쪽 '삐멘뗄(Pimentel)' 해변의 넓은 모래밭에 판자로 울타리를 치고 날지 못하는 대형 새들을 사육하는 장소로 향했다. 아프리카산 타조가 10마리 정도이고 대다수 새는 호주산 '에무(emu)'새이다. 에무새는 현존하는 새 중 타조 다음으로 두 번째로 덩치가 큰 새이며 캥거루와 더불어 호주를 대표하는 동물이라고 한다. 수십 마리의 에무새를 사육하면서 관광객에게 에무새 알이나 깃털로 만든 공예품, 그리고 에무새 고기로 요리한 음식들을 함께 팔고 있었다.

다음으로 간 곳은 사진 찍기 좋은 목조 잔교가 있는 해변이었다. 치끌라요 도심에서 서쪽으로 11km 떨어진 '삐멘뗄 (Pimentel)' 바닷가에다 1911년에 만든 길이 695m의 목조 다리이다. 얕은 바다라 배가 들어올 수 없는 해변에서 대량의 물자들을 깊은 바다에 정박한 배로 쉽게 실어 나를 수 있도록 위에 철로까지 설치한 페루에서 제일 긴 목조 다리라고 한다. 입장료 5sol씩 주고 다리 위를 걸어서 끝까지 가본다. 다리가 생각보다 넓다. 다리의 북쪽 부분은 철로를 깔아 놓았고 남쪽 부분은 사람이 다닐 수 있게 판자를 덧대어 산책로를 만들어 놓았다.

중간에 군데군데 앉아 쉴 수 있게 만들어 놓은 나무 의자에 잠시 쉬면서 주위를 살펴보니 바다에는 바람이 거세고 파도가 높아 많은 젊은이가 서핑을 즐기고 있고 다리 위 여기저기에서는 노인들이 낚시로 고기를 잡고 있다. 마지막 다리 끝에 서서 망망한 태평양을 바라보고 있자니 지난 일주일 동안 일어났던 일들이 주마등처럼 머릿속을 지나간다. 다음 순간 이 바닷물은 태평양이니까 우리가 태어난 조국 대한민국과도 연결되었을 것이라는 생각이 불현듯 일어난다. 아, 고국이 그립다. 고향을 그리워하는 향수에 젖다 말고 그 거리를 가늠해 본다. 이곳이 머나먼 남미의 이국땅이라는 생각이 새삼 마음에 낯선 이방인의 서글픔을 안겨준다. 스마트 폰으로 검색해 보니 석양 무렵 노을 질 때 찍은 이곳 다리 사진이 압권이다. 지금은

해가 중천에 떠 있어 다소 아쉬우나 다리를 배경으로 기념사
진을 몇 장 찍고 돌아선다.

택시를 타고 '싼타 로사(Santa Rosa)' 해변을 따라가다가 색다른
광경에 차를 세우고 해변으로 내려가 본다. 1인용 '카누(canu)'
와 비슷하게 생긴 현지 전통 배를 해변 모래사장 군데군데 세
워 말리고 있다. 어구를 손질하는 현지의 어부들에게 물어보
니 '까발리또 데 또또라(caballito de totora, '또또라' 갈대로 만든 1인용
배)'라고 한다. 스페인어로 '까발리또(caballito)'가 '말(馬)'이란 의
미이니 스페인 정복 이후에 붙여진 이름일 것이다. 스페인 정
복 이전에는 말이라는 동물이 남미에 없었기 때문이다.

또또라 갈대는 티티카카 호수가 원산지로 페루 고산지대
의 호수와 늪지대에 자생하는 갈대로 높이 3~4m까지 자란
다. 말린 또또라 갈대는 부력이 좋아서 티티카카 호수에 '떠
있는 섬'으로 유명한 '우로스(Uros)'섬을 만들기도 하고 '바루
사(barusa)'라는 배를 만드는 재료이기도 하다. 하지만 이곳에도
또또라 갈대가 나오는 곳이 있단다. 여기서 150km 남쪽 해변
에 있는 '완차꼬(Huanchsco)'라는 습지인데, 이곳의 '갈대 배'는
모두 그곳에서 만든다고 한다. 말린 또또라 갈대를 촘촘히 엮
어 한 사람이 탈 수 있도록 배를 만들고 그것을 타고 바다로
나가 물고기를 잡는 방법은 그 역사가 3,000년이나 되었다고
했다. 1100에서 1400년 사이에 페루 북부 해변에서 번성했던

대형 새 뮤

안데스 타조 수리

타조알공예

'치무(chimu)' 문명의 지배자 무덤에서 이 '갈대 배'를 타는 모습의 도자기 토용이 나왔다고도 한다. 아직도 전통적인 이 방법이 사용되고 있는 것은 큰 밑천을 들이지 않고도 바다에서 물고기를 잡을 수 있어 가난한 어부들이 할 수 있는 유일한 방법이기 때문이란다. 스포츠 분야에서는 이것을 최초의 서핑으로 인정할 것이냐를 두고 한창 논쟁 중이라고 한다.

까발리또 데 또또라를 등에 걸머지고 이제 막 바다로 나가려는 어부에게 파도가 센데 바다가 겁나지 않느냐고 물었다. 검은 구릿빛 얼굴의 어부가 웃으며 대답한다. 바다는 겁나지 않으나 물고기가 잡히지 않을까 그것이 겁난다고 한다. 자기가 물고기를 못 잡으면 아내와 자식들이 굶어야 한단다. 아버

잔교

지라는 단어를 다시 한번 생각하게 하는 말이다. 아내와 자식
을 위해 하얗게 부서지며 으르릉거리는 바다를 향해 성큼성큼
걸어가는 어부의 뒷모습이 참 멋있게 보인다.

다음으로 간 곳이 치끌라요 남서쪽에 자리하고 있는 수공

까발리또 데 또또라

예품과 음식 요리로 유명한 '몬쎄푸(Monsefu)' 마을이다. 이곳은
페루, 볼리비아 연합국과 칠레 사이에 벌어진 초석 전쟁(Guerra
del Salitre, 1879년~1884년 일명 태평양 전쟁이라고도 함) 당시 칠레 상륙
군의 사령 본부가 있던 곳이라고 한다. 그 당시 5년 동안 이곳
을 통치했던 칠레의 장군 '빠뜨리시오 린츠(Patricio Lynch)'는 한
세기 앞선 도시 행정을 펼쳐 역사가들이 가장 뛰어난 도시 행
정가 중의 하나로 평가하고 있다고 한다. 19세기에 벌써 시 행

정부가 각 가정의 쓰레기를 수집하여 처리해주는 서비스와 하수처리를 체계적으로 처리하는 시스템을 페루에서 처음으로 만들고 시 행정조직도 재조직하여 선정을 펼친 뒤 전쟁이 끝나고 칠레군이 퇴각한 후에도 적국의 국민인 페루 시민들까지 그의 업적을 칭송하였다니 사람의 마음에는 원래 적과 아군이 없는 모양이다. 어쩐지 시가지의 첫인상이 매우 깔끔하고 정돈이 잘 되어 있다는 느낌이었는데 다 그럴 만한 이유가 있었다.

모체 문명의 지배자 시팡 왕 무덤박물관

모체 문명은 서기 100년~700년 사이에 페루 북부 해변 지역
에서 번창했던 안데스 고대문명이다. 모체 문명의 유적으로
제일 먼저 알려진 것은 여기서 조금 더 남쪽에 있는 대도시 뚜
루히오(Trujio)에서 4km 떨어진 곳에 있는 모체 문명의 '태양 신
전(Huaca del Sol)'이었다. 학자들이 추산하기를 약 1억 4천만 개
의 흙벽돌을 쌓아 지었으며 기저의 크기가 340×160m에 높이
50m로 남미에서 가장 큰 피라미드 형태의 신전이다. 스페인
정복 시절 정복자들은 그 신전을 도굴하기 위해 '모체(Moche)'
강의 물길을 그리로 돌려 많은 부분을 훼손시켰다. 그리고 도
굴한 많은 유물은 모두 녹여 금덩어리로 만들어 가져갔다고
한다. 그곳에서 약 500m 떨어진 곳에 위치된 규모가 조금 더
작은 '달의 신전(Huaca de ls Luna)'은 그 당시에는 비교적 덜 훼손

되었으나 그 후 수많은 도굴꾼의 표적이 된 후에 고고학자들에 의한 공식적인 발굴이 이루어졌다. 발굴된 유적으로 보아 상당히 발달한 고대문명으로 평가되고 있으나 단편적인 발굴로 모체 문명에 대한 체계적인 설명은 불가능했다고 한다.

모체 문명의 신전들과 주거 지역에서 발굴되는 유적에서 특이한 점은 인간을 제물로 바쳤던 흔적들이 발견되고 여러 가지 형상으로 된 약 10만 개의 도자기 주전자가 발견되었는데 그중 성행위를 묘사하는 에로틱한 모형의 도자기 주전자가 500여 점이나 지금까지 남아있다는 것이다. 가톨릭 교리에 엄중했던 스페인 부왕청은 이 도자기들을 원주민의 야만성을 드러내는 징표로 여기고 원주민을 가톨릭으로 개종해야만 하는 필연적인 이유로 삼았기에 발견되는 에로틱 도자기마다 모두 파괴해 버렸다고 한다. 그러지 않았다면 원래의 그 수효는 얼마나 많았겠는가? 모체 문명 사람들의 본성에 충실한 생활과 자연스러움을 중히 여기는 그들의 의식을 다소나마 상상해 볼 수 있는 유물들이 아닌가 생각된다. 그래도 어떤 사려 깊은 사람들이 그 에로틱 도자기들을 몰래 수집하여 소장하고 있었다고 하는데 그것들을 한곳에 모아 다른 유물들과 함께 지금은 리마에 위치된 사설박물관인 '라파엘 라르코 헤레라 박물관 (Rafael Larco Herrera Museo)'에 소장되어 있다고 한다. 그나마 다행한 일이 아닐 수 없다.

택시는 치끌라요 외곽지역을 돌아 북쪽에 자리하고 있는 '람바예께' 시로 이동한다. '몬쎄푸' 시의 깔끔한 거리 정경과 대조적으로 치끌라요 시 외곽지역은 쓰레기로 무척 오염되어 있다. 바다에서 불어오는 오후 바람에 도로에는 온갖 쓰레기들이 이리저리 뒹굴고 경계를 구분 지으려고 쳐 놓은 철조망마다 비닐 쓰레기들이 걸려 마치 깃발처럼 휘날린다. 바람에 날리는 뿌연 모래바람과 함께 을씨년스러운 풍경을 자아낸다. 람바예께 시의 외곽을 지나 동쪽으로 48km 떨어진 곳에 위치된 '시팡 왕의 무덤 박물관(The Royal Tombs of Sipan Museum)'에 도착했다. 시핑 지방에 있는 '모체' 문명의 신전 중 하나인 '라하다 신전(Huaca Rajada)' 속 3개의 무덤에서 출토된 유물들을 전시하는 박물관인데 건물 형태가 좀 특이하다. 파란 잔디밭을 지나면 본관은 전체 구조가 뾰족한 삼각뿔 형태의 붉은 색 3층 건물인데 외부에서 바로 꼭대기 3층으로 갈 수 있는 연결 통로를 '기역 자' 모양으로 만들어 놓았다.

여기에 소장된 유물들의 발견은 아주 극적으로 이루어졌다고 한다. 1987년 2월 25일 저녁에 람바예께의 '브뤼닝 박물관(Brüning Museum)'의 관장인 '월터 알바(Walt Alva)' 고고학 박사에게 한 통의 전화가 걸려온다. '시팡' 지방의 경찰 서장의 전화였다. '라하다 신전'에서 지방도굴꾼들이 여러 개의 금으로 된 유물들을 발견하였으나 도굴꾼들 사이의 불화로 이러한 정보가 현지 경찰에게 감지가 되고 경찰이 현장을 급습하여 도굴 꾼들을 체포하고 유물들을 압수했던 일이 벌어졌다. 그래서 압수한 유물들의 감정을 알바에게 의뢰한 것이다. 그때 기관 지염을 심하게 앓고 있었던 알바는 내일 아침 일찍 가겠노라 고 대답을 했다. 하지만 경찰 서장은 모든 주민이 금을 캐겠다 고 흙더미로 된 라하다 신전을 파헤치고 있으니 내일이면 너 무 늦을지도 모른다고 했다. 이에 다급해진 알바는 불편한 몸 을 이끌고 경찰서에 가서 금으로 된 엄청난 유물들을 보게 된 다. 그리고 경찰 20명과 함께 발견 현장에 가보니 혼란 그 자 체였다고 한다. 수십 명 주민이 보물을 찾기 위해 삽과 괭이로 신전을 파헤치고 있었다고 한다. 알바는 주민을 해산시키고 밤을 새워 신전을 지키게 하고 그다음 날부터 인근 유지들의 지원금을 받아 공식적인 발굴을 시작한다. 발굴을 시작하자마 자 전 세계 고고학계가 깜짝 놀랄 만한 유물들이 쏟아져 나왔 다. 남미의 '투탕카멘(Tutankhamen, 이집트의 파라오 무덤)'이라는 별 칭이 붙을 정도로 진귀한 유물들이 많이 출토되었다.

첫 번째 무덤의 주인인 '시팡 왕(The Lord of Sipan)'은 서기 350 년경에 살았던 인물로 고귀한 부장품도 부장품이지만 함께 순 장한 사람이 8명이나 된다고 하니 그 당시에는 거의 신과 같 은 존재로 추앙받지 않았을까 추정된다. 방사선 측정 결과 키 1.67m에 35년~45년간 생존했을 것으로 추정된다. 시팡 왕은 3

명의 여인과 1명의 장군과 시종 1명, 무장 경비 1명, 무덤의 위층에서 아래의 관을 지켜보는 파수병 1명, 어린아이 1명 이렇게 8명의 유골과 함께 발굴되었다고 하는데 무인들 3명은 모두 도망가지 못하도록 발목을 잘랐다고 한다. 그리고 주위에는 음식들이 가득 담긴 많은 도자기 단지들도 함께 발굴되었다. 그곳에 든 음식들은 참마, 딸기, 고구마, 옥수수 등이었다고 한다.

입장권을 사고 입장하려니 카메라와 핸드폰까지 모두 맡기라고 한다. 사진 촬영을 엄격히 금지하는 것 같다. 3층으로 연결된 통로를 따라 바로 3층으로 간다. 발굴을 주도했던 월터 알바가 이 건물을 설계하여 2002년에 개장했다고 하는데 마치 고고학자들이 무덤을 발굴하듯이 가장 꼭대기 층에서 서서히 아래로 내려가면서 관람하도록 만들어 놓았다. 복도는 흐릿한 조명이고 전시품은 아주 밝은 조명 장치를 설치해 놓았다. 3층은 모체 문명에 대한 지리적인 위치와 역사적인 소개를 보여주는 비디오 상영 공간이 있고 그 당시의 생활상을 엿볼 수 있는 도구, 씨앗들 그리고 유골들이 있는 공간도 있다. 또한 3층에는 모체 문명의 금속 기술 발전을 따라갈 수 있게 시기별로 전시한 금, 은, 동 유물들을 볼 수 있다.

2층에는 금과 은 그리고 푸른 터키석으로 되어 있어 너무 찬란하여 숨이 막힐 듯한 유물들을 볼 수 있는 장소이다. 투구에 달았을 법한 커다란 은행나뭇잎 모양의 금판은 눈이 부실 정도이다. 눈과 코를 강조한 가면도 금으로 되어 있다. 금으로 된 귀마개는 전사의 모습을 터키석으로 모자이크 장식되어 있고 들고 있었던 홀도 범상치 않다. 파리의 에펠탑을 거꾸로 든 형태인데 가장 위쪽은 금으로 된 육면체 상자 모양이다. 금, 은 전시품 중 가장 하이라이트는 목걸이다. 좌우 10개씩 실물 크기의 3배가 되는 땅콩 모양의 구슬들을 두 줄로 연결해 놓았는데 오른쪽 10개는 금으로 되어 있어 이는 남성과 태양신을 상징하고 왼쪽의 10개는 은으로 되어 있어 여성과 달의 신을 상징한다고 설명해 놓았다. 왜 땅콩 모양의 구슬인가? 땅콩은 모체 사람들의 주식 곡물이었다. 땅콩은 '땅'을 상징하고 사람은 '땅'에서부터 왔고 '땅'으로 돌아감을 의미한다. 그다음이 가슴 보호판인데 작은 푸른 터키석과 국화조개 구슬들을 극도의 공을 들여 무명실에 꿰어 만들었다. 그리고 그 위에 금으로 된 문어 몸체에 사람 머리 모양의 판을 달았다. 하복부 뒤편과 다리 장식에도 세밀하게 세공된 금은 장식들이 보인다.

시팡 왕 무덤을 발굴한 뒤에 두 개의 무덤을 더 발굴했는데 시팡 왕 무덤에 비하면 훨씬 빈약한 유물들이 출토되었다. 두 번째 무덤의 주인공은 그 신분이 제사나 의식을 주도하는 사제였다고 판단한다. 나온 유물은 동으로 만든 날개를 편 부엉

이 모양의 두건과 두 줄의 목걸이인데 한 줄은 미소 짓는 인간의 얼굴 모형 구슬이고 다른 한 줄은 찡그리는 얼굴 모형이다. 이는 인간의 행복과 불행을 다 같이 아우르는 사제의 본분을 나타내는 게 아닌가 짐작된다. 세 번째 무덤은 가장 오래된 무덤으로 유물의 보존 상태가 좋지 않아 책자로 대신하고 있다. 이 무덤의 주인공은 유전자 검사를 해 보니 첫째 무덤의 주인인 시팡 왕과 모계 쪽으로 혈연관계가 있음이 판명되었다. 그래서 이 무덤의 주인을 '올드 시팡 왕(The Old Lord of Sipan)'이라고 부른다. 올드 시팡 왕도 혼자 묻히지 않았다. 여자 한 명과 발목이 잘린 전사 한 명이 함께 순장되었다. 나온 유물도는 금박 입힌 동물 모형과 나무로 된 공예품과 모직물 유물 등이 책자에 기록되어 있는데 가장 주목할 만한 것은 목걸이에 달린 지름이 3인치나 되는 금으로 된 구슬이다. 그 구슬에는 거미줄과 거미를 묘사했는데 거미 몸통은 투구를 쓴 전사의 얼굴로 조각해 놓았다. 이는 포로를 인간 제물로 바치는 어떤 의식과 관련이 있을 것이라고 역사가들은 판단한다.

1층에는 두 개의 층으로 나누어져 있는 무덤의 건축 과정을 그림으로 보여준다. 그리고 그 외 귀족들의 유물과 찬란한 보석들을 전시하고 있다. 시팡 왕의 무덤 발굴은 모체 문명에 대한 고고학적인 해석에 획기적인 전기를 마련했다고 평가된다. 그 이전에는 도굴꾼들이 취득하는 단편적인 유물로 모체 문

시팡 왕 무덤 박물관

사제의 무덤

가림막 유물

명의 상세하고도 체계적인 설명이 불가능했는데 조금도 훼
손되지 않은 시팡 왕의 무덤에서 출토된 유물들로 말미암아
모체 문명에 대한 체계적인 설명이 가능하게 됐다고 했다.
특히 발견 도자기들에는 그 당시 생활을 유추할 수 있는 모
형들이 많이 있어 모체 문명을 연구하는 데 큰 도움이 된다
고도 한다.

　박물관 밖으로 나와서 생각해 보니 나부터 모체 문명에 대
한 인식이 달라졌다. 들어갈 때는 그냥 페루 북부지역의 한 문
명의 평범한 유물들이겠지 하고 별로 큰 기대를 하지 않았는

발굴 당시의 시팡 왕 관 내부

데 나올 때는 놀라움과 함께 안타까움을 안고 나왔다. 만약에 스페인 정복자들이 모체 문명의 상징이었던 '태양 신전'을 훼손하여 도굴하지 않았더라면 얼마나 많은 놀랄 만한 유물들이 지금 남아있을 것이며 현재인들이 관람할 수도 있고 모체 문명에 대한 평가도 달라졌을 텐데. 설사 도굴하더라도 모두 녹

시팡 왕 추정 모습

여 순금만 채취하는 그런 못된 짓만 하지 않고 지금까지 그 형
태를 그대로 보존했더라면 훌륭한 인류 문화유산으로 등재되
어 많은 사람의 사랑을 받고 페루 원주민들의 자존심도 세워
줄 수 있었을 텐데 하는 아쉬움이 남는다.

에필로그

안데스 시리즈 제2편 '페루, 안데스의 숨결'을 세상에 내놓는다. 제1편 '페루, 안데스의 시간'은 안데스에서도 사람들에게 많이 알려진 명소들을 여행한 소회와 내가 살았던 모케과에서 겪었던 일상들을 소개했었다. 하지만 이번 제2편은 안데스 중에서도 가장 깊은 지역의 도시들, 즉 남부의 아야꾸초 그리고 북부의 차차뽀야 지역을 중심으로 여행한 소회를 적었다. 아야꾸초는 남부의 잉카제국이라는 거대한 나라가 탄생할 수 있게 하는 빌미를 제공한 경쟁 부족인 창카족의 근거지로 잉카제국에 점령당하기 전에는 쿠스코보다 더 비중 높은 안데스의 중심지였다. 차차뽀야는 안데스 북부의 오지 중의 오지라서 잉카제국에 점령당하기 전인 15세기까지 독자적인 문명을 이루고 살아온 종족이었다. 16세기 잉카제국에 함락당하고 곧이어 스페인 정복자들이 도착하여 서유럽에 신비한 문명으로 차츰 알려지게 되자 서유럽의 역사학자들은 이 독특한 문명에 매료되어 여러 가지 억측과 낭설이 분분했을 정도였다. 근세에는 모험 영화 시리즈 '인디아나 존스'의 소재가 될 정도로 아주 신비한 문명으로 알려지게 되었다.

그리고 아야꾸초와 차차뽀야 지방의 두 종족은 스페인 정복자들이 도착하기 바로 직전에 잉카에 정복당한 종족들로서 스페인 정복자들의 편에 서서 잉카제국을 무너뜨리는 데 많은 협조를 한 종족들이다. 스페인 정복자들은 자연히 우호적인 이 두 종족의 거주지인 안데스의 가장 깊은 지역에 스페인 정착촌을 가장 먼저 세우게 된다. 그래서 이 지역에는 잉카 이전의 역사 유적과 잉카 시대의 역사 유적뿐만 아니라 스페인 식민지 시대의 유적들이 고색창연하게 남아있다. 안데스 고산 내륙의 독특한 자연환경과 더불어 여러 가지 사연을 담고 있는 유적들이 품고 있는 그 속 이야기들을 제2편에서 다루었다. 전문 역사학자들이 아니면 알 수 없는 많은 이야기가 나오는데 이는 내가 근무한 꼬아르 학교(COAR)의 역사 교사, 민속학 교사의 도움을 받아서 가능했다.

꼬아르 학교는 페루 정부가 진행하는 야심 찬 교육 프로젝트로 각주마다 우수 학생들을 국가의 인재로 양성할 목적으로 세운 기숙형 영재학교이다. 지적 수준이 페루에서 최상위 계층의 교사들로 포진되어 있어 그들의 도움을 많이 받았다. 특히 안데스의 지명과 유래, 풍습 등은 모두 그 지역 언어인 케추아어로 되어 있다. 케추아어는 안데스에서 사는 천만 명의 원주민들이 아직도 실제 사용하고 있는 살아 있는 언어이지만 영어나 스페인어가 능숙한 사람도 알 수 없는 말이다. 케추아어에 능숙한 우수 교사들의 도움으로 생생한 그들의 이야기들을 이해할 수 있었다.

스쳐 지나가는 여행자들은 알 수 없는 그들의 숨은 속 이야기들이기에 그리고 안데스 속살 지역의 독특한 자연환경에 대한 느낌들이 너무 감명 깊어 혼자 간직하기에는 너무 아까운 생각이 든다. 부족한 능력이지만 이렇게 기록으로 남기면 훗날 코로나 팬데믹이 끝나고 다시 여행이 자유로워질 때 혹시 안데스를 여행하시는 분들이 이 책을 읽음으로써 좀 더 가치 있고 풍요로운 여행을 즐길 수 있지 않을까 하는 바람을 가지고 이 책을 썼다.

페루, 안데스의 숨결

초판 1쇄 발행 2022년 6월 10일

지은이 정성천
펴낸이 정혜윤
디자인 이웅
펴낸곳 SISO

주소 경기도 고양시 일산서구 일산로635번길 32-19
출판등록 2015년 01월 08일 제 2015-000007호
전화 031-915-6236
팩스 031-5171-2365
이메일 siso@sisobooks.com

ISBN 979-11-92377-08-7 03950